Keun | Das kunstseidene Mädchen

Lektüreschlüssel XL

für Schülerinnen und Schüler

Irmgard Keun

Das kunstseidene Mädchen

Von Wilhelm Borcherding

Reclam

Dieser Lektüreschlüssel bezieht sich auf folgende Textausgabe:
Irmgard Keun: *Das kunstseidene Mädchen. Roman.* Berlin: Ullstein, [16]2018.

Lektüreschlüssel XL | Nr. 15525
2020 Philipp Reclam jun. Verlag GmbH,
Siemensstraße 32, 71254 Ditzingen
info@reclam.de
Druck und Bindung: Esser printSolutions GmbH,
Untere Sonnenstraße 5, 84030 Ergolding
Printed in Germany 2025
RECLAM ist eine eingetragene Marke
der Philipp Reclam jun. GmbH & Co. KG, Stuttgart
ISBN 978-3-15-015525-7
reclam.de

Inhalt

1. Schnelleinstieg 7

2. Inhaltsangabe 12

Erster Teil: Ende des Sommers und die mittlere Stadt 12
Zweiter Teil: Später Herbst – und die große Stadt 19
Dritter Teil: Sehr viel Winter und ein Wartesaal 27

3. Figuren 34

Doris 35
Die Mutter 44
Therese 45
Margrete Weißbach 46
Tilli Scherer 47
Hulla 48
Hanne 48
Mila von Trapper 50
Männerbekanntschaften 50
Hubert 51
Ehemann der Mutter 51
Brenner 52
Alexander 53
Karl 53
Herr Ernst 54
Der junge Mann in der Wartehalle 55

4. Form und literarische Technik 57

Gattungsaspekte 57
Struktur 62
Erzähltechnik 64
Sprache 68

Inhalt

5. Quellen und Kontexte 72
Persönlicher Hintergrund 72
Das neue Frauenbild 73
Die historischen Bezüge 77
6. Interpretationsansätze 79
Leben – Arbeiten – Vergnügen 79
Selbstverwirklichung oder Kampf ums Überleben 84
Die Doppelmoral der Gesellschaft 97
Leitmotive 100
Großstadtimpressionen 105
7. Autorin und Zeit 107
Leben und Werk 107
Neue Sachlichkeit 113
8. Rezeption 116
Zeitgenössische Reaktionen 116
Plagiatsvorwürfe 118
Nachkriegszeit und Verfilmung 1959/60 119
Wiederentdeckung 120
Gegenwart 121
9. Wort- und Sacherläuterungen 122
10. Prüfungsaufgaben mit Lösungshinweisen 138
11. Literaturhinweise/Medienempfehlungen 154
12. Zentrale Begriffe und Definitionen 158

1. Schnelleinstieg

Autorin	Irmgard Keun, geboren am 6. Februar 1905 in Berlin, gestorben am 5. Mai 1982 in Köln. Sie gilt mit ihren Bestsellern *Gilgi, eine von uns* und *Das kunstseidene Mädchen* als eine der bedeutendsten und erfolgreichsten Vertreterinnen der Neuen Sachlichkeit.
Erscheinungsjahr	1932
Ort und Zeit der Handlung	Zunächst spielt der Roman in einer mittelgroßen Stadt am Rhein, möglicherweise Köln, im Spätsommer 1931. Danach geht Doris, die Hauptfigur, nach Berlin, wo sie von Herbst bis Weihnachten 1931 versucht, ein »Glanz« (S. 45) zu werden. Silvester 1931 verbringt sie obdachlos im Wartesaal des Bahnhofs Zoo; der Roman endet im Frühling 1932 am Bahnhof Friedrichstraße, wo Doris einen Entschluss fasst.
Epoche	Neue Sachlichkeit
Gattung	Zeitroman, Großstadtroman, Gesellschaftsroman Tagebuchroman, Moderner Frauenroman
Aufbau	Der Roman besteht aus drei Teilen: Erster Teil: Ende des Sommers und die mittlere Stadt Zweiter Teil: Später Herbst – und die große Stadt Dritter Teil: Sehr viel Winter und ein Wartesaal Jeder Teil ist in eine ungleiche Anzahl von Abschnitten unterteilt, die durch Leerzeilen voneinander getrennt sind.

Im Oktober 1931 erschien der erste Roman *Gilgi, eine von uns* der bis dahin unbekannten Autorin Irmgard Keun. Sie hatte zwar schon 1929 mit dem Schreiben des Romans begonnen, behauptete aber, ihn in nur fünf Monaten vollendet zu haben. Er wurde zu einem Bestseller und verhalf der 26-jährigen Autorin schnell zu großem literarischen Ruhm. Noch in seinem Erscheinungsjahr wurden 30 000 Exemplare verkauft; Irmgard Keun war es gelungen, unter anderem den Zeitgeschmack vieler jungen Frauen zu treffen.

■ Eine junge Autorin erregt Aufmerksamkeit

Nur wenige Monate später, und noch bevor im selben Jahr die Filmversion von *Gilgi, eine von uns* in die Kinos kam, erschien im Juni 1932 der zweite Roman der Autorin: *Das kunstseidene Mädchen*. Auch er erlebte eine Startauflage von 30 000 Exemplaren und stand hinter dem finanziellen und literarischen Erfolg des Debütromans nicht zurück. Wieder identifizierten sich meist junge Leserinnen mit der 18-jährigen Hauptfigur Doris, die ähnlich wie ihre ›Vorgängerin‹ Gilgi davon träumt, sich selbst verwirklichen zu können und berühmt zu werden: Sie will um nahezu jeden Preis eine Künstlerin, ein »Glanz« (S. 45) werden.

Für eine junge Stenotypistin in einer »mittlere[n]« (S. 5) Stadt ist es nicht leicht, ihren großen Vorbildern, den Kinoheldinnen und Künstlerinnen, nachzueifern. Nach einer kurzen Phase der Arbeitslosigkeit und einem kurzen Engagement am Theater der Stadt wechselt Doris nach Berlin. Sie ist fest davon überzeugt, dass die Großstadt die besten Voraussetzungen bie-

■ Erfolg in Berlin?

tet, ihrem Ziel näherzukommen. Mit der Unterstützung zahlreicher ärmerer und reicherer, jüngerer und älterer Männer bemüht sie sich, ihren Lebensentwurf zu verwirklichen.

Doch ihr Weg führt nicht geradewegs nach oben. Mal mehr, mal weniger erfolgreich, jagt Doris ihrem Glücksanspruch nach. Sie muss immer häufiger erkennen, dass sie ihre Vorstellungen von einer ruhmreichen Karriere und großem öffentlichen Ansehen nicht verwirklichen kann. Völlig mittellos findet sie schließlich vorübergehend Geborgenheit bei einem Mann, der von seiner Frau zuvor verlassen worden ist. Nach einigen Monaten muss sich Doris erneut damit abfinden, dass es wieder nicht zu einer Beziehung reicht und schon gar nicht zu einem ›kleinen Glück‹, wie es die Kinofilme und die unzähligen (Mode-)Zeitschriften vorgaukeln. Sie landet schließlich wieder im Wartesaal des Bahnhofs Friedrichstraße, wo einst ihr Leben in Berlin begonnen hat. Doris gelangt am Ende zu der Einsicht, dass es vielleicht doch gar nicht so erstrebenswert ist, ein »Glanz« (S. 45) zu werden. Sie war nach Berlin gegangen, um das ganz große Glück zu finden; Tag für Tag hat sie jedoch in ihrer Umgebung erfahren, wie die medial vermittelten Träume vieler junger Frauen von einem aufregenden und sorgenfreien Leben in der Großstadt geplatzt sind. Obwohl Doris am Ende völlig desillusioniert ist und nicht so recht weiß, was aus ihrem Leben werden soll, gibt sie sich niemals völlig auf. Sie hält nach wie vor an ihrer Vorstellung fest, auf keinen Fall wieder arbeiten zu gehen, weil Frauen viel zu wenig verdienen, um ihren Lebensunterhalt als Alleinstehende zu sichern. Notfalls will sie lieber auf ihr Lebensglück verzichten.

■ Lebensgefühl der Weimarer Republik

Auch der große Erfolg des zweiten Romans ließ sich erneut auf Keuns Fähigkeiten zurückführen, das am Ende der Weimarer Republik vorherrschende Lebensgefühl der jungen Frauen genau beobachten und beschreiben zu können. Die meisten Kritiker waren von ihrer virtuosen Schreibweise fasziniert, die sich am Stil der Neuen Sachlichkeit orientierte.

■ Plagiatsvorwürfe

Andere Kritiker erhoben Plagiatsvorwürfe gegen die Autorin, weil der Roman Formulierungen aus dem Roman eines Kollegen aufweisen sollte. Es gelang der Autorin nur bedingt, den Verdacht ihrer Kritiker auszuräumen (vgl. hier Kapitel 8).

■ NS-Zeit

Ihr blieb nicht viel Zeit dafür. Schon am 30. Januar 1933 gelangten die Nationalsozialisten unter der Führung Hitlers an die Macht. Die beiden Romane stießen aufgrund der in ihnen beschriebenen Frauenfiguren und deren Lebenswandel auf die Ablehnung der neuen Regierung. So verwundert es nicht, dass am Tag der Bücherverbrennung, am 10. Mai 1933, wohl auch Keuns Romane dem Feuer des nationalsozialistischen ›Säuberungswahns‹ zum Opfer fielen, auf jeden Fall im Oktober 1933 verboten, beschlagnahmt und vernichtet wurden.

■ Exil

Irmgard Keun ging 1936 ins Exil, wo sie noch einige Werke in deutschen Exilverlagen veröffentlichen konnte. 1940 kehrte sie unerkannt nach Nazi-

Deutschland zurück und überlebte den Terror. Es gelang ihr jedoch nicht mehr, an die beiden großen Erfolge von 1931 und 1932 anzuknüpfen. Nach 1975 wurde Irmgard Keuns Werk von der feministischen Literaturwissenschaft wiederentdeckt, die sich für die emanzipatorischen Züge in den beiden ersten Romanen der Autorin zu interessieren begann. 2017, 35 Jahre nach Irmgard Keuns Tod 1982, kam es zu einer kommentierten Gesamtausgabe ihrer Werke.

Späte Rezeption

2. Inhaltsangabe

Erster Teil: Ende des Sommers und die mittlere Stadt (S. 7–64)

Doris ist 18 Jahre alt und lebt im Jahre 1931, also zum Ende der Weimarer Republik, in einer mittleren Industriestadt im Rheinland (es handelt sich vermutlich um Köln, wo die Autorin selbst viele Jahre lebte und wie Doris als Sekretärin arbeitete). Als Kind kleinbürgerlicher und ärmlicher Eltern ist sie in dieser Stadt aufgewachsen und hat ihre Schulzeit dort verbracht. Im zweiten Teil erzählt sie rückblickend von ihrer Kindheit und Jugend (S. 92 f.): Nach ihrer Geburt ist Doris von ihrem (Stief-)Vater »mit zugeheiratet« (S. 92) worden; wer ihr leiblicher Vater ist, weiß weder sie noch ihre Mutter. Von den Eltern ist sie zwar nie geschlagen worden, eine liebevolle Zuwendung hat sie aber dennoch nicht erfahren.

■ Kindheit und Jugend

Seit dem ersten Schultag muss sie Spott und Hohn ertragen. Ihre Schulkameradinnen und -kameraden hänseln sie und lachen sie aus, so dass sie sich als Außenseiterin fühlt. Anlass ist etwa Doris' ungewöhnliches Kleid, das ihr die Mutter aufgrund der schwierigen materiellen Situation der Familie aus Gardinenstoff genäht hat; es ist weder zeit- noch kindgemäß. Doris leidet sehr unter diesen Erniedrigungen und setzt sich heftig zur Wehr. Die Herabwürdigungen prägen sie so nachhaltig, dass sie beschließt, alles zu unternehmen, um niemals wieder in ihrem Leben solche Diskriminierungen erleben zu müssen. Statt ausgelacht zu werden, will sie selbst auf andere herunterschauen und sich über sie amüsieren. Nach Abschluss der Schulzeit absolviert sie eine Lehre. Da sie aber die deutsche Sprache und die Kommasetzung nicht vollständig beherrscht, findet sie zunächst keine Lehrstelle.

Lebensentwurf

Doris arbeitet zu Beginn des Romans mit mehreren Kolleginnen als Stenotypistin in einer Rechtsanwaltskanzlei. Die Tätigkeit führt sie nicht besonders gern aus, weil es ihr bisher nicht gelungen ist, die seit der Schulzeit bestehende Rechtschreibschwäche zu überwinden. Sie spricht zwar keinen Dialekt wie ihre Eltern, aber die Briefe und Schriftsätze, die sie für ihren Chef verfasst, sind häufig fehlerhaft. So bekommt sie des Öfteren Probleme mit ihm. Sie bezweifelt ohnehin, dass er sie noch lange in der Kanzlei beschäftigen wird. Es gelingt ihr für einen gewissen Zeitraum, die Zweifel ihres Arbeitgebers an ihren beruflichen Kompetenzen durch sinnliche Blicke, die sie ihm während der Besprechungen zuwirft, zu zerstreuen und ihn davon abzuhalten, ihr zu kündigen.

Sie will so oder so nicht mehr lange als Stenotypistin für ihn tätig sein, weil sie glaubt, ein »ungewöhnlicher Mensch« (S. 8) zu sein und dass »etwas Großartiges« und »etwas Besonderes« in ihr vorgeht. Sie will eine Künstlerin, ein »Glanz« (S. 45), werden und ein luxuriöses Leben führen, so wie sie es bei den jungen Frauen in den Filmen gesehen hat. Ihr Vorbild ist die amerikanische Schauspielerin Colleen Moore, der sie in gewisser Weise ähnlich sieht.

Abb. 1: Die amerikanische Schauspielerin Colleen Moore, 1920

Deshalb entschließt sie sich, ihr zukünftiges Leben in einem ›Drehbuch‹ zu dokumentieren (»ich will schreiben wie Film«, S. 8). In einem »schwarze[n], dicke[n] Heft« (S. 10) notiert sie ab jetzt ihre Vorstellungen, Träume und Erfahrungen.

Finanzielle Situation

Doris kann jedoch das Leben, das sie führen will, nicht mit ihrem Einkommen finanzieren. Sie muss ihre Eltern finanziell unterstützen. Ihr Stiefvater ist arbeitslos und trinkt zudem. Die Mutter verdient als Garderobiere im Theater nicht genug, um davon sich und ihren Mann ernähren zu können. Also gibt Doris von ihren 120 Mark, die sie im Monat verdient, 70 Mark als Haushaltszuschuss und Miete für ihr häusliches Zimmer an ihre Eltern ab. Sie bekundet zwar ihren Aufstiegswillen und betont ihren unbedingten Ehrgeiz, aus eigener Kraft kann sie aber den angestrebten höheren gesellschaftlichen Rang nicht erreichen. Voraussetzung für den Aufstieg ist die Anschaffung neuer Kleidung und des entsprechenden Schmucks. Um ihre Ziele zu erreichen, benötigt sie potentielle Geldgeber. Deshalb geht sie taktisch geschickt immer wieder neue Beziehungen zu Männern ein, die ihr eine neue Garderobe bezahlen oder Schmuckstücke schenken. Trotz ihres jugendlichen Alters durchschaut sie die Wünsche und Begierden ihrer Liebhaber und stellt sich auf sie ein. Sie passt ihr Verhalten bis zu einer von ihr bestimmten Grenze dem Begehren ihrer Liebhaber an, wobei sie Prostitution gänzlich ausschließt. Häufig spielt sie den Männern auch nur vor, die von ihnen geschätzten Eigenschaften zu besitzen. Doris beherrscht diese Täuschungsmanöver mittlerweile so perfekt, dass ihr die Männer nach relativ kurzer Zeit die Wünsche erfüllen. Die Beziehungen, die sie eingeht, halten meistens nicht sehr lange.

Hubert

Ihre Beziehung zu Hubert stellt eine Ausnahme dar. Doris war gerade einmal 16 Jahre alt und noch unerfahren, als sie sich dem fast 30-jährigen Doktoranden hingegeben hat. Sie betont, dass die Initiative von ihr ausgegangen sei. Von ihm behauptet sie, dass er der einzige Mann sei, den sie jemals wirklich geliebt habe. Alles, was sie in ihrem ›Drehbuch‹ über Hubert notiert, ihr gesamtes Verhalten ihm gegenüber, deutet darauf hin, dass sie ihn eigentlich noch immer liebt.

Die beiden trennen sich nach einem Jahr wieder. Als er während der Aussprache Doris vorhält, dass sie mit ihm vor der Ehe geschlafen habe, was seinen Vorstellungen widerspreche, gerät sie in Wut und ohrfeigt ihn in der Öffentlichkeit. Doris vergleicht ihre nachfolgenden Liebhaber immer wieder mit ihrer ersten großen Liebe; daraus wird deutlich, dass sie diese Trennung gefühlsmäßig bisher noch nicht vollständig verarbeitet hat.

Doris' Befürchtung, ihr Chef werde sich nicht ewig mit ihr gedulden, bewahrheitet sich schließlich. Nach vielen »sinnlichen« (S. 9) Blicken und ›versehentlichem‹ Hautkontakt (S. 24) verliert er seine Beherrschung und bedrängt sie sexuell. Doris setzt sich körperlich zur Wehr und beleidigt ihn. Beides führt schließlich zu ihrer Kündigung.

Über verschiedene Kontakte gelingt es der Mutter, Doris als Statistin am Theater unterzubringen. Die Arroganz und Hochnäsigkeit unter den Schauspielerinnen (den »fertigen« [S. 31], den unerfahrenen Absolventinnen der Schauspielschule und den Praktikantinnen) verletzen das Selbstwertgefühl der Statistin. Die Schauspielerinnen treten ihr mit Verachtung gegenüber und belächeln ihre geringe Schulbildung. Doris kann sich jedoch deren Aufmerksamkeit sichern, indem sie die Lüge verbreitet, den Direktor des Theaters, Leo Olmütz, gut zu kennen, mit ihm liiert zu sein und von ihm protegiert zu werden.

■ Von der Statistin zum »Glanz«

Da Doris stets nach Höherem strebt, will sie nicht auf der tiefsten Stufe der Hierarchie verharren, die von den Statisten eingenommen wird. Sie nutzt eine günstige Gelegenheit, um ihr Vorhaben in die Tat umzusetzen. Eine der »fertigen« (S. 31) Schauspielerinnen soll in dem Stück, das gerade einstudiert wird, einen Satz übernehmen. Die Wahl fällt zufällig auf Mila von Trapper, die sich Doris' Hass zugezogen hat, weil sie ihr eine mangelnde Allgemeinbildung vorgeworfen hat. Damit hat Mila Doris gezwungen, einmal mehr zu schauspielern, um die Mängel zu verschleiern und den Schein zu wahren. Als die von Trapper vor der Probe die Toilette aufsucht, sperrt Doris sie dort ein, so dass die Schauspielerin die Probe verpasst. Ungefragt springt Doris für sie ein und sichert sich den Auftritt. Zudem erhält sie von der Direktion noch eine kostenlose Schauspielausbildung, so dass

■ Mila von Trapper

sie sich in ihrer Entscheidung bestätigt sieht. Doris' Zuversicht, dass sie nunmehr akzeptiert wird, wächst. Sie hat die unterste Stufe verlassen und schaut optimistisch in die Zukunft. Zur Premiere erscheinen fast nur ihre ehemaligen Liebhaber, die Doris nach der Aufführung rühmen und behaupten, sie sei eine Attraktion für das Theater. Sie wundert sich über die große Anzahl dieser Männer, sonnt sich aber gern in deren Lob.

Doris fürchtet allerdings, dass ihre Lüge, sie sei mit dem Theaterdirektor liiert, sie in Schwierigkeiten bringen könnte, weil die Kolleginnen und Kollegen über ihr (nur vorgetäuschtes) Verhältnis zum Direktor sprechen.

Vor der nächsten Aufführung kommt Therese, Freundin und ehemalige Bürokollegin, zu Doris ins Theater und verkündet, dass Hubert sie im Anschluss treffen will. Doris macht sich gerade für Hubert zurecht, als der Direktor sie rufen lässt. Sie ahnt, was auf sie zukommt, und wird nervös. Auf der Suche nach ihrer Mutter geht sie durch die Garderobe, wo sie einen wertvollen Pelz erblickt. Dieser gefällt ihr so sehr, dass sie beschließt, ihn für das Treffen mit Hubert ›auszuborgen‹. Sie nimmt ihn an sich, folgt nicht der Vorladung des Direktors und verlässt das »Drecktheater« (S. 61).

■ Doris kommt zu ihrem Pelz

Die Begegnung mit Hubert verläuft enttäuschend. Seine Frau hat ihn verlassen und auch seine beruflichen Aussichten haben sich drastisch verschlechtert. Obwohl sie die Nacht miteinander verbringen, vergrößert sich Doris' psychische Notlage weiter, weil er nichts weiter als eine materielle Unterstützung von ihr will. Enttäuscht verlässt sie ihn. Den Pelz bringt sie nicht zurück, weil er ihr zur ›zweiten Haut‹ geworden ist: »Der Mantel will mich, und ich will ihn, wir haben uns.« (S. 64)

Mit Therese plant Doris ihr weiteres Vorgehen: Sie wird in die Großstadt Berlin fliehen. In der Metropole hofft sie ihrem Lebenstraum näherzukommen und ihren Lebensentwurf in die Wirklichkeit umsetzen zu können.

Zweiter Teil: Später Herbst – und die große Stadt (S. 67–139)

Ankunft in Berlin

Der zweite Abschnitt beginnt mit der Schilderung der ersten Erfahrungen, die sie in der Stadt gemacht hat. Doris ist ›maßlos‹ beeindruckt. Die Beleuchtung und die Lichtreklame versetzen sie ebenso in Aufregung wie die vielen elegant gekleideten Menschen und die ungeheuerliche Mobilität.

Bei ihrer Ankunft am Bahnhof Friedrichstraße tummelt »sich ungeheures Leben« (S. 71) in der Stadt, weil die französischen Politiker Pierre Laval und Aristide Briand zu politischen Verhandlungen über die Aussetzung der deutschen Reparationszahlungen zur Wiederankurbelung der Wirtschaft nach Berlin gekommen sind. Durch die Weltwirtschaftskrise war auch Deutschland in finanzielle Not geraten, die durch die Schadensersatzzahlungen (Reparationen) an die Siegermächte nach dem Ersten Weltkrieg noch verschärft wurde. Doris wird von der Aufregung mitgerissen und zählt sich sofort zu den Berliner Bürgern. Damit sie die Ereignisse verstehen und einordnen kann, wendet sie sich an einen Passanten, der ihr die Zusammenhänge genauer erklären soll. Er lädt sie in ein Café ein. Doch statt sie aufzuklären, schildert er ihr sein Privatleben und macht ihr schöne Augen. Unter einem Vorwand verlässt sie enttäuscht das Café.

Sie macht sich auf den Weg zu Margretchen Weißbach, einer früheren Freundin Thereses. Dort hofft sie vorübergehend Unterschlupf zu finden. Margrete steht unmittelbar vor der Geburt ihres ersten Kindes. Doris holt eine Hebamme zu Hilfe, und ein Mädchen erblickt das Licht der Welt. Familie Weißbach lebt in ärmlichen Verhältnissen, der Mann ist arbeitslos und Margrete verdient zurzeit kein Geld; Doris kann also dort nicht bleiben.

Margrete verweist sie weiter an Tilli Scherer, in der Doris eine Gleichgesinnte findet. Auch Tilli will ein »Glanz« (S. 45) werden. Doris muss jedoch schon nach kurzer Zeit feststellen, dass die Filmbranche wenig Aussicht auf Erfolg bietet, um ein Star zu werden.

■ »Es geht etwas vorwärts« (S. 78) in Berlin

Gleichwohl stürzt sich Doris in das Großstadtleben, und durch ein paar Männerbekanntschaften kann sie ihr Überleben in der Metropole sichern.

Und da sie den idealen Mann, der ihren Vorstellungen entspricht, noch immer nicht gefunden hat, sucht sie nun mit Hilfe ihres Pelzes, der das Interesse der

Männer auf seine Trägerin lenken soll, nach einem geeigneten Liebhaber. Doris geht zu diesem Zeitpunkt noch immer davon aus, dass neben finanziellen Zuwendungen auch etwas Anerkennung und Liebe im Spiel sein soll. Bei einem älteren Schriftsteller unternimmt sie den ersten Versuch. Obwohl sie ihn nicht mag, folgt sie der Einladung in seine Wohnung, wo er ihr aus seinem Buch vorliest, während Doris sich die Seidenhemden seiner abwesenden Frau unter die Bluse steckt und dann verschwindet.

Doris ist unglücklich, dass sie niemanden hat, der ihre Vorstellungen von Unterstützung und Zuneigung erfüllt. Ihre Unzufriedenheit bezieht sich auf die Tatsache, dass sie viele Dinge (noch) nicht hat, über die einige ihrer Vorbilder aus den Filmen scheinbar bereits verfügen. Sie geht aber davon aus, dass ihre Unzufriedenheit sie zu motivieren vermag, mehr Energie aufzuwenden, um auf dem Weg nach oben voranzukommen.

In dieser Situation verspürt sie Heimweh nach ihrem Zuhause. Doris lindert ihre Sehnsucht ein wenig, indem sie einen Brief an ihre Mutter schreibt. Mehr ist allerdings nicht möglich, wenn sie der Polizei ihren Aufenthaltsort nicht verraten will, falls man sie wegen des gestohlenen Fehs weiter suchen sollte.

Doris kann offiziell keine Arbeit ausüben, weil sie nicht polizeilich gemeldet ist. Sie benötigt aber Geld zum Überleben und arbeitet deshalb illegal als Kindermädchen bei einer reichen Familie. Diese Tätigkeit ermöglicht ihr bis auf weiteres das Überleben im hek-

■ Arbeit als Kindermädchen

tischen Großstadtleben. Der Familienvater, ein älterer Aktionär, verspricht ihr eine Wohnung und Geld. Die Aussicht auf ein angenehmes Leben ist verheißungsvoll, und so ist Doris schließlich bereit, sich ihm hinzugeben und sich damit über Konventionen hinwegzusetzen. Sie sieht nicht ein, warum eine Frau als anständig angesehen wird, wenn sie wegen des Geldes eine Ehe eingeht, während eine Frau als unanständig und als Prostituierte eingestuft wird, wenn sie mit einem Mann verkehrt, den sie attraktiv findet.

Als unerwartet ein gutaussehender Freund des Ehemanns auftaucht, der Doris noch besser gefällt, verbringt sie die Nacht lieber mit ihm statt mit dem Aktionär. Der wirft Doris daraufhin aus dem ›Paradies‹, weil der Freund ihm von seiner ›Eroberung‹ erzählt und er seine »reinen Kinder[]« (S. 87) vor Doris ›schützen‹ muss. Wieder steht sie vor der Frage, wovon sie ihren Lebensunterhalt bestreiten soll.

Doris und Tilli haben kein Geld und müssen hungern. Doris befürchtet, wie die Frauen des Zuhälters Rannowsky, der im selben Haus über ihnen wohnt, auf einer der Amüsiermeilen Berlins zu enden. Gleichzeitig will sie ihre Hoffnung nicht aufgeben, doch noch ein Glanz zu werden.

Mit Franz ins Resi

Sie lässt sich von Franz ins »Resi« (S. 89) einladen. Doris ist von der Einrichtung (Lichtobjekte, Rohrpost, Technik, usw.) so fasziniert, dass sie ins Schwärmen gerät und Berlin einfach nur noch schön findet und eine »Berliner[in]« (S. 90) sein will und dazugehören möchte. Aber Franz vermag Doris' Vorstellungen von einem reichen Liebhaber nicht zu erfüllen, weil er nur wenig Geld besitzt und ständig nachrechnen muss, wie viel er davon ausgeben darf. Franz entpuppt sich am Ende auch in anderer Hinsicht als Problemfall. Als sie später (aus Mitleid) seinem sexuellen Drängen relativ schnell nachgibt, ist er sehr enttäuscht. Er hat immer von einem Mädchen geträumt, das sich nicht so freizügig verhält wie Doris.

Der Besuch im »Resi« wirkt noch länger bei Doris nach. Dort ist sie auf das Berlin getroffen, das sie faszinierend findet: »Mein Leben ist Berlin, und ich bin Berlin.« (S. 92) Diese Stadt ermöglicht ihr weiterhin die Illusion, hier ihren Lebensentwurf realisieren zu können.

Berlin vermittelt Doris ein Gefühl der Freiheit: »Berlin ist mir ein Ostern, das auf Weihnachten fällt, wo alles voll schillerndem Betrieb ist.« (S. 95) Zudem scheint ihr Berlin immer noch die Garantie zu bieten, ein Glanz zu werden, auch wenn sie des Öfteren nicht weiß, was sie am nächsten Tag essen soll.

Die Episode mit Herrn Brenner

Im Haus von Doris und Tilli wohnt auch der blinde Herr Brenner. Er bietet Doris die Gelegenheit, ihm ihr Bild von Berlin auszumalen. In seiner Gegenwart vergisst Doris vorübergehend ihre Probleme und sie freut sich über seine fröhliche und freundliche Art. Er fertigt kleine Aufmerksamkeiten für sie an und gewinnt damit ihre Sympathie. Kurz bevor Herr Brenner in ein Heim kommt, führt Doris ihn durch die Stadt, die er am Ende des Bummels ambivalent findet. Während des Rundgangs gewinnt Doris selbst zuse-

Abb. 2: Das Café Josty am Potsdamer Platz, um 1930, in dem auch Doris verkehrt. – Bundesarchiv, Bild 146-1994-004-10A / Marmulla, L. / CC-BY-SA 3.0

hends den Eindruck, dass es in dem Großstadtgewühl Berlins doch nicht nur die heile Welt gibt. Am Ende wird sie nachdenklich und sie stellt sich die Frage: »[W]as ist denn wohl nur kaputt auf der Welt?« (S. 119) Antworten auf die Frage hat sie nicht.

Endlich ein Glanz: Alexander

Und dann erreicht Doris doch noch ihr Ziel, ein Glanz zu werden und ganz oben in der Gesellschaft zu stehen. Bei einem ihrer vielen Kaffeeaufenthalte lernt sie den wesentlich älteren, verheirateten Firmeninhaber Alexander kennen, den sie »eine fröhliche rosa Kugel« (S. 122) oder »mein runder kleiner Edamer« (S. 123) nennt. Sie schätzt seinen Reichtum, der ihr das ersehnte Luxusleben ermöglicht, von dem sie immer geträumt hat. Als er sie fragt, ob sie nicht nur sein Geld, sondern auch ihn ein bisschen liebhabe, rührt sie das so sehr, dass sie zugibt, ihn wirklich ein bisschen liebzuhaben. Sie kann konsumieren, sich bedienen lassen, in einer Zimmerflucht am Kurfürstendamm wohnen und vieles mehr. Sie kann ihrer Mutter Wünsche erfüllen und ihre Schulden bei Therese begleichen. Obwohl sie sich selbst Schönheit attestiert, weiß sie nichts mit der Schönheit anzufangen und fragt sich zweimal, für wen sie eigentlich schön sei. Und so glaubt Doris wieder an ihre Karriere beim Film. Bei Alexander kann es Doris gut aushalten, auch wenn sie sich stundenlang seine Schilderungen aus Kindertagen anhören muss. Sie fasst ihre augenblickliche Stimmung so zusammen: »So ein Leben, so ein Leben.« (S. 125) So hat sie es sich seit dem Beginn der Niederschrift ihres ›Drehbuches‹ schon immer vorgestellt.

■ Wünsche werden erfüllt

Obwohl Doris weiß, dass sie nur vorübergehend Alexanders Geliebte sein kann, genießt sie es, ein Glanz zu sein. Sie kann es sich leisten, mit dem Taxi durch Berlin zu fahren. Dabei nimmt sie die Straßen wie durch eine Filmkamera wahr. So, stellt sie sich vor, muss es sein, wenn sie in einem Film der Wochenschau vorkommt. Eines Tages kehrt Alexanders

Frau unerwartet zurück, und Doris muss die Wohnung verlassen. Alexander, so erfährt sie, ist verhaftet worden. Doris steht wieder auf der Straße.

Doris verliert ihren Glanz

Tillis Mann Albert ist mittlerweile nach Berlin zurückgekehrt; er hat in Essen gearbeitet und ist nun arbeitslos. Doris kann dennoch für ein paar Tage bei ihnen wohnen, bis sich Albert zu sehr für sie zu interessieren beginnt. Um Konflikte mit Tilli zu vermeiden und auch aus Entsetzen darüber, dass Hulla, eine der Prostituierten im Haus, aus Angst vor dem Zuhälter Rannowsky aus dem Fenster gesprungen ist, verlässt sie die Wohnung und mietet sich ein möbliertes Zimmer. Doris beginnt zu begreifen, dass die Verwirklichung ihres Lebensentwurfes in weite Ferne gerückt ist. Resigniert überlegt sie, ob sie sich durch die Beziehung zu einem Mann über Wasser halten, es noch einmal beim Film versuchen oder als Bardame arbeiten soll. Sie entscheidet sich für Ersteres und zieht zu Lippi Wiesel, den sie zwar auch nicht liebt, aber der ihr das Alleinsein erspart. Es plagt sie nicht nur das Heimweh, sondern auch die Sehnsucht nach einem Ort, an dem sie sich wirklich zu Hause fühlen kann. Wieder stellt sie sich die Frage, was sie in ihrem Leben falsch macht, warum es ihr nicht gelingt, einen Mann zu finden und mit ihm glücklich zu werden. Als Lippi am Heiligabend ihre Vorstellungen von einem gemeinsamen Weihnachtsfest nicht erfüllt, sondern sie angetrunken sexuell bedrängt, packt sie ihren Koffer, verlässt seine Wohnung und übernachtet im Tiergarten auf einer Parkbank.

Dritter Teil: Sehr viel Winter und ein Wartesaal (S. 143–219)

Doris verbringt in den nächsten Tagen einen Großteil ihrer Zeit im Wartesaal des Bahnhofs Zoo. Sie weiß genau, was sie nicht will, aber fragt sich andererseits, was sie will. Damit wird deutlich, dass sie rat- und orientierungslos ist. Sie findet kaum noch Gefallen an ihrer Vorstellung, ein Glanz zu werden. Auch Gespräche über Erotik langweilen sie oder ekeln sie an. Von den Männern wird sie häufiger für eine Prostituierte gehalten, was sie weit von sich weist. Doris ist an einem Tiefpunkt angekommen.

■ Am Tiefpunkt

Im Wartesaal lernt sie den arbeitslosen Karl kennen. Er wohnt in einer Laubenkolonie und hält sich mit Gelegenheitsarbeiten und dem Verkauf von selbst angebautem Gemüse über Wasser. Er bietet ihr an, mit ihm zusammenzuarbeiten, damit sie nicht – wie sehr viele andere Frauen – auf der Straße ihr Geld verdienen muss. Als Karl später noch einmal nachfragt, weist sie erneut sein Angebot zurück, da sie noch Ehrgeiz habe. Silvester 1931 scheint Doris völlig am Ende zu sein. Sie beschließt, in Zukunft Blumen zu verkaufen, um ihr Überleben zu sichern. Dafür muss sie erst einmal über Geld verfügen, mit dem sie die Blumen erwerben kann, die sie später teurer verkaufen will. Sie ist bereit, ihr Startkapital durch den einmaligen Einsatz ihres Körpers zu verdienen.

■ Karl

In den Morgenstunden des Neujahrstages 1932 lernt Doris einen Mann (Herrn Ernst) kennen, dessen Frau

■ Herr Ernst

mit einem anderen durchgebrannt ist. Auf seine Frage, ob sie mitkommen will, antwortet Doris ohne zu zögern mit einem »Ja« (S. 153). Sie hofft, von ihm das benötigte Geld zu bekommen. Gemeinsam fahren sie mit dem Omnibus zur Wohnung des Mannes. Doris weicht einer Unterhaltung mit ihm aus, weil sie ihn unsympathisch findet. Er schlägt ihr vor, erst einmal schlafen zu gehen. Im Badezimmer betrachtet sich Doris im Spiegel und ist so entsetzt über ihr neuerdings erbärmliches Aussehen, dass sie Zweifel daran hegt, noch ein Glanz werden zu können. Die Aussicht, zehn Mark verdienen zu können, lässt Doris ins Wohnzimmer zurückkehren, wo der Mann ein Bett für sie vorbereitet hat. Als sie ihn auf ihre Müdigkeit hinweist, verschwindet der Mann im Schlafzimmer. Doris ist zwar überrascht, aber zu müde, um sich weitere Gedanken zu machen. Sie fällt in einen langen Tiefschlaf.

Neue Hoffnungen

Als sie wieder erwacht, trifft der Mann Vorbereitungen, um zur Arbeit zu gehen. Er weist Doris darauf hin, dass er ihr Kaffee gekocht hat und dass sie sich in der Speisekammer bedienen soll. Nachdem er zurückgekehrt ist, erfährt Doris, dass er Werbezeichner und 37 Jahre alt ist und sich vor dem Alleinsein fürchtet. Die nächsten Tage verlaufen nahezu gleich. Doris schläft sich weiter aus, während der Mann die Wohnung in Ordnung hält, Essen besorgt und seiner Arbeit nachgeht. Seine fürsorgliche und andauernd freundliche Art irritiert Doris, so dass sie sich schon fragt, ob sie ihm nicht attraktiv genug ist.

Zunehmendes Vertrauen

Doris bleibt weiter in der Wohnung. Sie unterhalten sich viel über seine Frau, weil der Mann sie nach wie vor liebt und sich häufig wehmütig an die gemeinsame Vergangenheit erinnert. Doris beginnt sich nützlich zu machen. Sie kauft ein, bereitet das Essen zu und hält die Wohnung in Ordnung. Es geht ihr langsam besser, auch wenn sie sich noch nicht nähergekommen sind.

Sie will ihm ihre Aufzeichnungen zum Lesen geben, damit er sie besser kennenlernen kann. Während er Doris' Drehbuch liest, ergreift sie eine innere Unruhe. Sie überlegt angespannt, wie er auf ihre Erfahrungen und Geständnisse reagieren wird. Doch sie hat sich vergebens aufgeregt. Er antwortet auf ihre Bemerkungen lediglich mit dem nüchternen Vorschlag, den wertvollen Pelzmantel zurückzuschicken, damit sie ihre Papiere bekommt und sich Arbeit suchen kann. Sie lehnt den Vorschlag vehement ab, da der Pelz mit ihrer Persönlichkeit ›verwachsen‹ sei. Er gibt ihr das Gefühl, dass er sie nicht nur schützt, sondern ihr auch die Aufmerksamkeit ihrer Mitmenschen sichert. Doris begründet ihre Weigerung, sich eine Arbeit zu suchen, mit den Rückschlüssen, die sie aus Thereses Erfahrungen gezogen hat. Sie will von niemandem abhängig sein und sie will nicht immer in Sorge sein müssen, entlassen zu werden. Die Einwände und das gute Zureden von Herrn Ernst prallen an ihr ab. Sie will nicht arbeiten, den Pelz will sie weiterhin für sich behalten.

Nach und nach richten sich Doris und Herr Ernst in

ihrem gemeinsamen Leben ein. Doris gelangt immer mehr zu der Überzeugung, dass sie ihn sogar lieben könnte, wobei es sie allerdings stört, dass er nach wie vor viel von seiner Frau erzählt und zu wenig Interesse für Doris zeigt. Nach einer gewissen Zeit kann sich Doris sogar an die Vorstellung gewöhnen, nicht mehr allein zu schlafen. Sie will ihm dieses Angebot notfalls unterbreiten, damit sie nicht arbeiten muss. Sie geht davon aus, dass sie durch Arbeit nicht weiterkommt, weil es ihr an entsprechender Bildung mangelt. Sie ist sicher, dass sie immer auf einen Mann angewiesen sein wird, wenn sie sich etwas Kleidsames oder Schönes kaufen will. Dabei gehen ihr dann wieder die Risiken und Chancen durch den Sinn, die die Prostitution mit sich bringt. Da sie bei Herrn Ernst keine erotischen Ambitionen wahrnimmt, glaubt sie schließlich, dass sie »häßlich« (S. 186) sei. Doch die gierigen Blicke der anderen Männer und deren Annäherungsversuche lassen Doris zu anderen Rückschlüssen gelangen.

■ Annäherungsversuche

Dann bringt der Briefträger einen an Herrn Ernst adressierten, handgeschriebenen Brief, der bei Doris Verdacht erregt. Sie öffnet ihn und liest den Inhalt. Es handelt sich um einen langen Brief von Hanne, Herrn Ernsts Ehefrau. Sie bittet ihn darin um Verzeihung und deutet vorsichtig ihre Bereitschaft zur Rückkehr an. Doris versteckt den Brief und bekundet in einem Selbstgespräch ihre Absicht, bei Herrn Ernst zu bleiben und alles Notwendige für ihn und seinen Haushalt zu tun. Ihre Äußerungen klingen beinahe so, als

■ Hannes Brief an ihren Mann

ob sie sich für ein Leben an der Seite dieses Mannes entschieden hätte.

Auch bei einem Kinobesuch kommt es nicht zu den von Doris erhofften Annäherungen; während der Filmvorführung denkt Herr Ernst wieder an seine Frau. Als sie beide zu Hause sind, wagt es Doris nicht, einfach in sein Schlafzimmer zu gehen und sich ihren Empfindungen zu überlassen. Obwohl Doris mit ihrem augenblicklichen Leben sehr zufrieden ist, könnte sie es sich noch wunderbarer vorstellen, wenn sich Herr Ernst auch körperlich für sie interessieren würde. Am Ende überlegt sich Doris sogar, ihren Pelzmantel zurückzuschicken und quasi gegen die Ausweispapiere einzutauschen. Das soll ihre Gegenleistung an Herrn Ernst sein, wenn er seinerseits damit aufhören würde, in den Gesprächen ständig seine Frau zu erwähnen. Um schließlich ein »Glanz« (S. 196) für Herrn Ernst zu sein, beschließt sie, ihr Vorhaben in die Tat umzusetzen. Sie schreibt einen Brief an die ehemalige Besitzerin des Pelzes und kündigt darin seine Rückgabe an. Herrn Ernst unterrichtet sie vorerst nicht von ihrer Absicht.

Zugeständnis an Herrn Ernst

Doris rätselt immer wieder über Herrn Ernst körperliche Distanziertheit und denkt über die mangelnden Gemeinsamkeiten zwischen sich und ihm nach. Zu ihrer Überraschung kommt es doch noch zu der von ihr sehnlichst herbeigewünschten Annäherung. Herr Ernst küsst Doris auf den Hals, was bei ihr eine Intensivierung ihrer Gefühle hervorruft. Schließlich ist sie bereit, ihm ihre »wahre« (S. 205) Liebe zu offenbaren, indem sie ihm ihren Brief an die Eigentümerin des Pelzes zeigt und ihm verschiedene Dinge schenkt. Schließlich gesteht sie Herrn Ernst, dass sie all das nur aus Liebe zu ihm tut. Damit hat sie Herrn Ernst überrumpelt. Glückselig sinken sich die beiden in die Arme und verbringen die Nacht miteinander.

Wenige Tage nach der gemeinsamen Nacht küsst er sie und spricht sie dabei mit dem Vornamen seiner Frau an. Doris wird schmerzhaft klar, dass er nach wie vor seine Frau Hanne liebt und es ihr nicht gelungen ist, sie aus seiner Erinnerung zu verdrängen. Sie beschließt schweren Herzens, sich von ihm zu trennen, obwohl sie ihn liebt.

Trennung trotz Gefühlen füreinander

Sie holt Hannes Brief aus dem Versteck und schickt ihn noch einmal an Ernsts Adresse; anschließend begibt sie sich zu Ernsts Ehefrau und drängt sie, umgehend zu ihrem Mann zurückzukehren. Hanne verspricht es ihr und bekennt, dass es vor allem ökonomische Gründe sind, warum sie zu ihm zurückkehren will; sie liebe Ernst »nicht zu sehr« (S. 213).

Doris findet sich wieder im Wartesaal des Bahnhofs Friedrichstraße ein, wo sie sich mit einem anderen jungen Fahrgast über die vorausgegangenen Erlebnisse unterhält. Während der Unterredung wird ihr klar, dass nicht nur ihr Lebensentwurf misslungen ist, sondern dass sie mittlerweile nicht mehr zur Gesellschaft gehört. Da sein Zug geht, müssen sie das Gespräch abbrechen. Doris ist nun völlig allein und ratlos. Darüber hinaus besitzt sie kein Geld mehr für das alltägliche Leben.

Letzte Hoffnung: Karl

Doris hofft, auf Karl zu treffen. Ihr ist in den vergangenen Monaten in Berlin klar geworden, dass viele Männer nur Frauen heiraten, die aus ihrer eigenen Klasse stammen, dass die soziale Herkunft und die Bildung bei der Eheschließung eine große Rolle spielen und sie deshalb wohl keine Chancen hat, einen Mann aus der Oberschicht zu finden, der ihren Vorstellungen entspricht. Es gelingt Doris nicht, klare Gedanken zu fassen. Sie will zwar immer noch nicht arbeiten, aber sie will zu Karl, um mit ihm zusammen das Leben zu bestreiten. Sollte er sie nicht mehr wollen, bliebe ihr die Möglichkeit, eine Prostituierte wie Hulla zu werden. Damit schließt sie nicht mehr aus, das Schicksal so vieler anderer Frauen auf den Straßen Berlins zu teilen. Nach etwa neun Monaten Aufenthalt in Berlin gewinnt sie am Ende die Einsicht: »Auf den Glanz kommt es nämlich vielleicht gar nicht so furchtbar an.« (S. 219)

3. Figuren

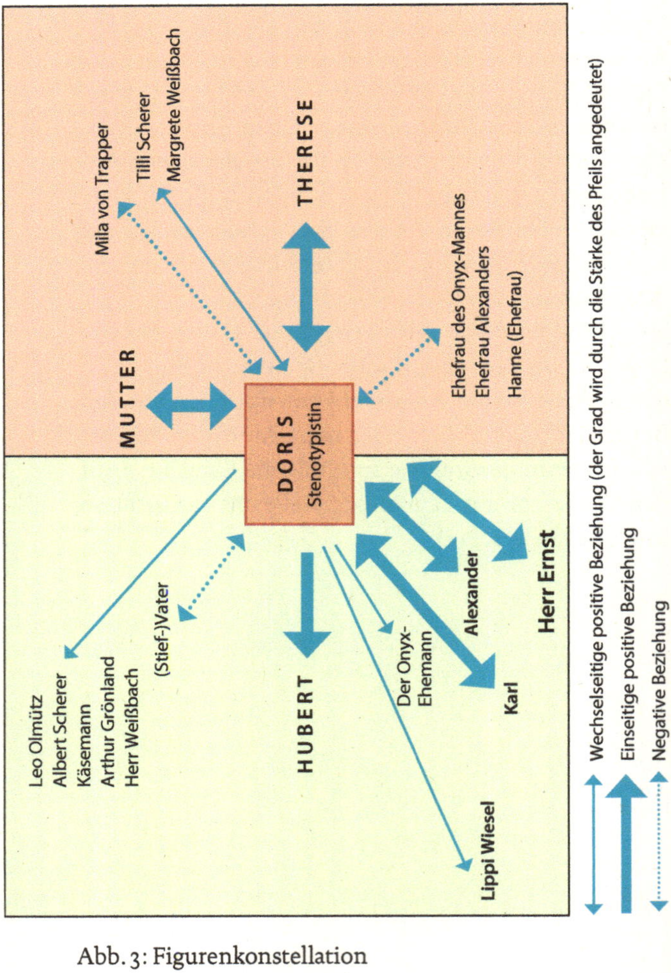

Abb. 3: Figurenkonstellation

Doris

Doris ist die Hauptfigur des Romans. Als Ich-Erzählerin dominiert sie das gesamte Figurenensemble. Sie kann als Repräsentantin der Neuen Frau aufgefasst werden: materiell eigenständig, sexuell freizügig und extravagant gekleidet (vgl. dazu Kapitel 5: »Das neue Frauenbild«). Nur sie wird von der Autorin differenzierter charakterisiert. An ihr verdeutlicht Irmgard Keun die Lebensbedingungen der Frauen aus dem Kleinbürgertum, ihre Denk- und Verhaltensweisen, ihre Sehnsüchte und Wünsche.

■ Repräsentantin der Neuen Frau

Weitere wichtige weibliche Figuren sind ihre Mutter, ihre Freundin Therese, Bekannte und Gegenspielerinnen. Aus der Vielzahl von Männern, potentiellen Liebhabern und Versorgern, die Doris' sogenanntes ›Drehbuch‹ füllen, ragen der (Stief-)Vater, Hubert und Herr Ernst heraus. Erwähnenswert sind noch deutsche und amerikanische Schauspielerinnen und Schauspieler, die mit ihrem Rollenverhalten und ihrer Kleidung die Leserinnen und Leser zur Identifikation einladen oder als Vorbilder betrachtet und ›angehimmelt‹ werden können.

Am nächsten steht Doris ihrer Mutter, mit der sie sich gut versteht und von der sie z. B. bei der Suche nach einem Arbeitsplatz unterstützt wird. Außerdem verbindet sie eine tiefere Freundschaft mit ihrer Arbeitskollegin Therese. Diese Freundschaft überdauert die Zeit der Handlung. Das Verhältnis zu ihrer Mitbewohnerin Tilli Scherer kann als etwas oberflächliche

Freundschaft bezeichnet werden. Zumindest verfolgen sie gemeinsame Ziele und tauschen sich über ihre Erfahrungen aus. Im Theater stellt Mila von Trapper eine Gegenspielerin von Doris dar.

Eigenschaften

Doris beweist außerordentliche **Hilfsbereitschaft**. Als sie auf Empfehlung von Therese bei Margrete Weißbach wegen einer vorübergehenden Unterkunft nachfragt, steht diese völlig unvorbereitet vor der Niederkunft. Doris bezahlt mit dem Rest des ihr verbliebenen Geldes die Kosten für die Hebamme. Da der Wohnraum nun zu eng geworden ist, zieht sie weiter zu Tilli Scherer, ohne ihr Geld zurückzufordern, das sie für die Hebamme vorgeschossen hat.

Gegenüber dem blinden Herrn Brenner, einem Mitbewohner des Hauses, in dem sie mit Tilli wohnt, erweist sie sich als hilfsbereit. Sie verbringt viel Zeit mit ihm und führt ihn auf einer Erkundungstour durch Berlin, kurz bevor er ins Heim kommt.

Hulla, eine andere Hausbewohnerin und Prostituierte, bittet Doris um ihre Hilfe, die ihr ohne zu zögern zur Seite steht. Als Rannowsky, Hullas Zuhälter, allerdings später auf sie losgeht, ist Doris nicht zur Stelle.

Mitgefühl und **Mitleid** beweist Doris gegenüber Franz, der sie ins »Resi« (S. 89) einlädt. Im Grunde hat er selbst zu wenig Geld zur Verfügung, weil er weitere Familienmitglieder unterhalten muss, deshalb will sie ihn auf ihre Art ›entlohnen‹, indem sie mit ihm schläft. Indes missversteht Franz das ihm entgegengebrachte Mitleid und ist enttäuscht darüber, dass sie sich ihm hingibt. Doris trifft ihn nicht wieder. Gegenüber den anderen Liebhabern empfindet sie allerdings kein Mitleid.

Außerdem besitzt Doris eine außerordentliche Portion **Optimismus** und eine ausgesprochene **Kämpfernatur**. Auf ihrem Weg nach oben muss sie immer wieder Rückschläge hinnehmen, die sie aber nicht von ihren Selbstverwirklichungsversuchen abbringen. Selbst als sie im Ende völlig allein und ohne Perspektive dasteht, gibt sie nicht auf. Sie ist lediglich bereit, ihre Erwartungen zurückzuschrauben (S. 219).

Schließlich bekämpft sie ausdauernd ihre **Minderwertigkeitsgefühle**, die sie seit ihrer Schulzeit beherrschen. Sie versucht mehrfach, ihre Schwächen zu überwinden und ihr Halbwissen durch den Erwerb entsprechender Kenntnisse zu ersetzen. Um durch die Welt zu kommen, wie sie es sich vorstellt (S. 41), sucht sie nach einem Partner, der sie bei ihrem Bemühen unterstützt, sich umfangreicheres Wissen anzueignen.

Durch ihre Nachforschungen nach einem geeigneten Lebenspartner hat sie viel **Menschenkenntnis** erworben. Sie durchschaut die Eitelkeit der Männer (S. 14), kennt deren »Krankheit[en]« (S. 16) und Vorlieben (S. 71) und weiß um deren Einbildungen (S. 15 f.). Diese Menschenkenntnis verhilft ihr zu einem ausgeprägten **Selbstbewusstsein**.

Doris' Lebensentwürfe

Doris hat einerseits **Lebenspläne**, die vielen Leserinnen und Lesern auch heute noch bekannt sein dürften. Dazu gehören unter anderem die Suche nach einem Partner oder einer Partnerin für ein gemeinsames Leben in gegenseitiger Liebe und Achtung und materielle Absicherung.

Andererseits probiert die Protagonistin Rollenentwürfe aus, die einem damals neuen Frauenbild entsprachen, dem der sogenannten **Neuen Frau**: Doris ist unabhängig und entscheidet für sich allein, wie sie leben möchte. Ungewöhnlich und neu an diesem Roman war der Versuch, zu »schreiben wie Film« (S. 8) und das Leben einer Protagonistin als literarische Umsetzung eines Kinofilms zu gestalten. Doris träumt, wie viele junge, berufstätige Frauen dieser Zeit, von einem glanzvollen und luxuriösen Leben, wie es die Menschen im Film führen.

Den Anhängerinnen der Neuen Frau waren sicherlich weder Doris' **Aufstiegswille** noch ihr unbedingter **Ehrgeiz** fremd. Für einige von ihnen kam eventuell die Flucht aus dem engen Milieu ihres Herkunftsortes in Frage. Aber was sie bisher in keinem anderen Roman gelesen hatten, sind die Bestrebungen der Hauptfigur. Doris kämpft um ihre persönliche Freiheit und ihr umfassendes Selbstbestimmungsrecht (S. 25). Sie besteht auf der Möglichkeit, selbständig ihre Tätigkeit in der Anwaltskanzlei zu beenden (S. 26), für ihre Unabhängigkeit und (sexuelle) Freizügigkeit (S. 22) einzutreten und daran festzuhalten. Sie beharrt ferner auf ihrem Recht, Beziehungen zu Männern einzugehen und sie wieder aufzukündigen (S. 7, 52 f.).

■ Freiheit und Selbstbestimmung

Für die Umsetzung ihrer Ziele nimmt Doris zahlreiche **innere und äußere Konflikte** in Kauf. Grund-

Innere und äußere Konflikte

sätzlich schätzt sie »Männer in großer Stellung ohne erotisches Wollen« (S. 43). Die Promiskuität bereitet ihr kein Kopfzerbrechen, solange ein Mann ihr nach dem einvernehmlichen Vollzug später kein unmoralisches Verhalten vorwirft und sie etwa wie Hubert schließlich nicht heiraten will, weil sie ihm nicht mehr »anständig[]« (S. 21) genug erscheint.

Zahlreiche andere Männer versuchen sexuelle Übergriffe, denen sie sich jedoch erfolgreich widersetzen kann (S. 25). Einige Männer betrachten ihre Annäherungs- und Anlehnungsversuche als ›Angebote‹ einer Prostituierten, deren Gefühle sie gegen Geld käuflich erwerben können. Da Doris sowohl ihren **Körper** als auch ihr **Aussehen** bei dem Versuch **einsetzt**, ihren gesellschaftlichen Aufstieg voranzutreiben und ihre materielle Situation zu verbessern (S. 11 und öfter), trägt sie zumindest teilweise selbst zur Fehleinschätzung bei.

Einige Liebhaber betrachten ihre **Freizügigkeit** nicht **als Merkmal und Ausdruck** eines neuen **weiblichen Selbstbewusstseins**, sondern als Aufforderung. In diesem Fall ist Doris das Opfer der Doppelmoral der Männer, die glauben, sich alle sexuellen Freiheiten erlauben zu dürfen, den Frauen auf diesem Gebiet aber keinesfalls das gleiche Recht zugestehen (S. 79).

Die **Angst vor der Vereinsamung** (S. 88) ist einer der Gründe für Doris' Konflikte, sich mit verschiedenen Männern einzulassen. So zieht sie wieder aus ihrem möblierten Zimmer aus (S. 131) und quartiert sich noch vor Weihnachten bei Lippi Wiesel ein. Sie hofft ein bisschen darauf, dort ihr Heimweh verdrängen zu können und etwas Wärme und Geborgenheit zu finden (S. 135).

Einen weiteren zentralen Konflikt stellt Doris' **Weigerung** dar, **eine konkrete Tätigkeit auszuüben**. Als Karl sie einlädt, bei ihm zu wohnen und für ihn zu arbeiten, weigert sie sich, weil sie noch »Ehrgeiz« (S. 151) habe. Als sie während ihres Aufenthaltes bei Herrn Ernst mit ihm über die Aufnahme einer Arbeit streitet, argumentiert sie ähnlich. Der wahre Grund liegt vielmehr in ihrer Erfahrung, dass sich Arbeit weder in finanzieller noch ideeller Weise für sie auszahlt, weil sie nur über eine rudimentäre (Aus-)Bildung verfügt, die ihr keinen dauerhaften Arbeitsplatz und kein hinreichendes Einkommen für die Befriedigung ihrer Wünsche und Bedürfnisse garantiert.

Schließlich spielt ihr **Überleben in der Großstadt** bei ihren Konflikten eine große Rolle. Das Leben, so wie es sich Doris erträumt, kostet deutlich mehr Geld, als sie durch eigenständige Arbeit verdienen kann. Insofern muss sie sich einen männlichen ›Versorger‹ zur Überwindung ihrer Notlage sichern (S. 28, 95, 131).

Widersprüchlichkeiten

Zu den wesentlichen Charakterzügen der Protagonistin zählen ihre **Widersprüchlichkeiten**. Während oben von ihrem ausgeprägten **Selbstbewusstsein** die Rede ist, müssen hier ihre **Selbstzweifel** thematisiert werden. Sie äußern sich am stärksten in ihrer Willensschwäche. Zu Beginn des dritten Teils – Doris befindet sich fast an einem Tiefpunkt – gesteht sie sich ihre Rat- und Orientierungslosigkeit ein. Zunächst zählt sie all das auf, was sie nicht will. Es folgt ihr Bekenntnis, dass sie nicht mehr weiterweiß. Der letzte Satz ist dann der Beleg für die Willensschwäche: »Ich will – ich will – was?« (S. 143).

Doris' Bild von der Liebe

Die größten Widersprüchlichkeiten ergeben sich in Doris' **Auffassungen von der Liebe**. Hier unterscheiden sich ihre Aussagen in erheblichem Maß. Zu Beginn des Romans schreibt sie über die Gefühle zu Männern: »Etwas Liebe muß dabei sein, wo blieben sonst die Ideale?« (S. 10) Zu Beginn des zweiten Abschnitts heißt es über die Liebe: »Das ist so furchtbar viel, wenn einem einer gefällt – Liebe ist noch so ungeheuer viel mehr, daß es sie wohl gar nicht, vielleicht kaum gibt« (S. 87).

Ausschließlich positiv denkt sie über die Liebe während ihres Zusammenseins mit Herrn Ernst. Zunächst deutet sie »wahre Liebe« (S. 205) als das einfache, bedingungslose Dasein für jemand anderen. Nachdem sie sich geliebt haben, kommt Doris zu dem Ergebnis: »Also das allein macht die Liebe nämlich gar nicht aus, aber es gehört auf schöne Art mit dazu« (S. 207).

Ihre Formulierung lässt aufhorchen, denn sie deutet an, dass Doris in dieser Frage wie in ihrer abschließenden Beurteilung des »Glanz[es]« (S. 219) ihre einseitigen Ansichten überwunden hat.

Moderne versus traditionelle Rollenmuster

In der Persönlichkeit Doris' werden zwei unterschiedliche Rollenkonzepte deutlich. Auf der einen Seite repräsentiert sie das **moderne Konzept der Neuen Frau** (Frauenbewegung), um dieses aber leben zu können, muss sie auf Elemente des **alten Geschlechterkonzepts (Patriarchat)** zurückgreifen. Um ihre Sehnsucht nach persönlicher Freiheit und ökonomischer Unabhängigkeit zu stillen, muss sie sich alten vertrauten Abhängigkeiten unterwerfen. Demnach entscheidet in Deutschland um 1931 immer noch der Mann über die wesentlichen Fragen in der Ehe, und diesen Entscheidungen hat sich die Frau zu beugen. Zwar sollten die Bestimmungen des Bürgerlichen Gesetzbuches von 1900 die Rechte der Frauen stärken, aber bis zum Erscheinen dieses Romans hat sich keine Besserung der Rechtsstellung der Frau im Alltag ergeben. Es hat bis zum Jahr 1977 gedauert, bis die gesetzlich verankerte Aufgabenteilung in der Ehe gestrichen worden ist. Bis dahin hatte die Frau vor allem ihre Pflichten in Ehe und Familie zu erfüllen. Wenn sie einer Berufstätigkeit nachgehen wollte, war sie von der Zustimmung des Ehemanns abhängig.

Doris' Gesellschaftskritik

Doris betont des Öfteren, dass ihre Unterwerfung unter die von den Männern festgeschriebenen Normen eine Maßnahme zur Vermeidung der Vereinsamung darstellt. Dadurch übt sie nachhaltig **Kritik** an den herrschenden gesellschaftlichen Regeln. Sie hat die Antwort der Mutter auf ihre Frage, warum sie den Mann – von dem Doris nach eigener Aussage nichts hält – geheiratet habe, verinnerlicht. Ihre Mutter hatte ganz ruhig darauf geantwortet: »irgendwo muß man doch einmal hingehören« (S. 28). Doris gesteht, dass diese Erwiderung großen Eindruck auf sie ausgeübt und sie die Entscheidung ihrer Mutter sofort verstanden habe. Wieder zeigt sich die Widersprüchlichkeit in den Aussagen und dem Verhalten der jungen Frau. Obwohl sie behauptet, die Entscheidung ihrer Mutter nachvollzogen und akzeptiert zu haben, unternimmt sie trotz der sich ihr durchaus bietenden Gelegenheiten, keinen ernsthaften Versuch, wie ihre Mutter die Geborgenheit bei einer ihrer vielen Männerbekanntschaften zu suchen.

Zu Beginn des Romans ist die Hauptfigur zuversichtlich, dass sie die Ziele realisieren kann, die sie sich selbst gesetzt hat. Ihren ersten Erfolg kann Doris verbuchen, als die Theaterdirektion ihr den kostenlosen Schauspielunterricht anbietet. Die weiteren Stationen bahnen eine Wende an und führen Doris zu der Erkenntnis: »Betrunken sein, mit Männern schlafen, viel Geld haben – das muß man wollen, und nichts anderes denken, wie hält man es sonst denn aus – was ist denn wohl nur kaputt auf der Welt?« (S. 119)

■ Die Abwärtsspirale

Mit der Beziehung zu Alexander erfährt ihr Leben wieder eine Wendung zum Guten. Er finanziert ihr Leben und ermöglicht ihr so, ihre Träume zu verwirklichen (S. 125). Nach dem abrupten Ende der Episode resigniert sie: »Es ist mir jetzt schon alles egal [...]. Ich bin das alles so satt.« (S. 131) Der tiefste Fall steht ihr jedoch noch bevor. Sie muss sogar darüber nachdenken, sich zu prostituieren, um ihr Überleben in der Großstadt zu sichern. Es gibt **kein Happy End** für Doris. Glanz und Elend liegen viel näher zusammen, als sie es sich zu Beginn ihres Selbstverwirklichungsversuchs vorgestellt hat.

Zusammenfassend lässt sich feststellen, dass es schwerfällt, Doris trotz aller differenzierten Beschreibungen durch die Autorin angemessen zu charakterisieren. Ihre **Denk- und Verhaltensweisen sind** äußerst **vielschichtig** und sehr **widersprüchsvoll**.

Die Mutter

Vertrauensperson und Ratgeberin

Die Mutter ist für Doris in vielerlei Hinsicht ein Vorbild. Sie hat vor ihrer Ehe »ein Leben« (S. 27, 92) geführt, das sich auch ihre Tochter vorstellen könnte: »feines Weib« (S. 27) und »Haltung [...] wie eine wirklich teure Dame«, bemerkt Doris. Sie hat sich zwar mit dem Alter ein bisschen verändert, aber ihren Charme (»was Gewisses«, S. 27) hat sie sich bewahren können.

Die Kleidung und Ansichten der Mutter wirken ein bisschen altmodisch. Sie ist die Ehe wegen der gesellschaftlichen Konventionen eingegangen und ist nach wie vor mit ihrem Mann zusammen, obwohl er zum Trinker geworden ist und sich als »Rauhbein« (S. 28) entpuppt hat.

Nach Doris' Worten ist sie eine verständnisvolle Mutter geworden. Vor der Geburt hat sie sich gegen ihr Kind gesträubt (S. 92), später hat sie ihre Meinung geändert. Da die Mutter sich gut an ihre eigenen jugendlichen Erfahrungen erinnern kann, akzeptiert sie oft Doris' Verhalten (S. 61, 69). Als Doris von Heimweh geplagt wird, schreibt sie ihrer Mutter einen Brief, der ihre schmerzhaften Empfindungen lindern soll (S. 83). Doris' ambivalente Empfindungen für ihre Mutter werden deutlich, als sie die Bedeutung ihrer »Freiheit« (S. 94) in Berlin herausstellt.

Während ihrer kurzen Phase des Glanzes zeigt Doris, wie sehr sie ihre Mutter schätzt, indem sie sie mit Geschenken überhäuft (S. 123 f.).

Das positive Verhältnis von Mutter und Tochter wird am Ende noch einmal besonders deutlich. Als Doris in ihrer Verzweiflung über Suizid nachdenkt, wendet sie sich gedanklich noch einmal ratsuchend an ihre Mutter. Die Erinnerung an ihre Mutter lenkt von ihrem Vorhaben ab und lässt sie neuen Lebensmut fassen (S. 208).

Therese

Arbeitskollegin und Freundin

Die 38-jährige Therese ist nicht nur ihre Arbeitskollegin, sondern auch ihre beste und zuverlässigste Freundin (S. 10) vom Beginn bis zum Ende des Romans. Therese ist von ihrem verheirateten Liebhaber verlassen worden (S. 10) und interessiert sich jetzt nur für das »Schicksal« (S. 18) ihrer Freundin Doris.

Therese spendet Doris Trost und kümmert sich um ihre Sorgen und Nöte, wobei Doris ihr unterstellt, dass sie nicht mehr am Puls der Zeit ist (S. 28). Das hält Doris nicht davon ab, Thereses Art als »Wohltat« (S. 51) zu bezeichnen.

Doris liebt Therese (S. 59), weil sie ein erneutes Treffen mit Hubert arrangiert und ihre »Flucht« (S. 64) schließlich überhaupt erst ermöglicht hat, indem sie das Geld für die Bahnfahrt vorgestreckt hat. Ihr verdankt Doris eine erste Adresse für ihr Unterkommen in Berlin (S. 75).

Doris macht ihr Versprechen wahr und zahlt Therese nicht nur den Vorschuss zurück, sondern überhäuft sie auch mit Geschenken, als Alexander ihr Luxusleben finanziert (S. 123). Im dritten Teil (S. 182 f.) stellt Doris noch einmal Thereses Schicksal ausführlich dar, indem sie auf deren Entbehrungen und Rücksichtnahmen für den verheirateten Liebhaber eingeht. Dabei seien weitere Erfahrungen, wie Trennung und erneutes Zusammenkommen, Verzweiflung und Tränen, besonders schmerzhaft für Therese gewesen. Doris vermutet, dass Therese in eine tiefe Depression gestürzt sei, weil der Liebhaber sich mit den Worten »du bist ja noch hübsch« (S. 183) verabschiedet habe, und kommt zu dem Schluss, dass Prostitution dann noch besser sei, denn das sei wenigstens ein »eignes Geschäft« (S. 183).

Margrete Weißbach

Therese hat Doris die Adresse ihrer Freundin Margrete genannt, wo sie eventuell unterschlüpfen könne (S. 75). Margrete ist über 30 Jahre alt und mit einem arbeitslosen Mann verheiratet. Sie erwartet ihre erste Niederkunft. Doris ruft die Hebamme, die Margrete während der Geburt betreut. Mutter und Kind sind wohlauf, nur der Vater kann sich über die Geburt der Tochter (noch) nicht so recht freuen. Doris verbringt mit ihnen die Nacht in dem kleinen Zimmer. Während Margrete davon ausgeht, dass sie bald wieder arbeiten wird, begibt der Mann sich am nächsten Morgen auf eine wahrscheinlich aussichtslose Arbeitssuche.

Zwischen Hoffen und Bangen

Tilli Scherer

Doris erhält von Margrete Weißbach die Adresse von Tilli Scherer. Sie soll dort wegen ihres Unterkommens nachfragen. Tilli bewohnt zwei Zimmer, und da ihr Mann in Essen arbeitet, kann sie ein Zimmer vorübergehend an Doris abtreten (S. 67). Tilli und Doris verbindet nicht nur das gemeinsame Ziel, »ein Glanz [zu] werden« (S. 78), sondern auch der Wunsch, Trost zu finden (S. 68). Darüber hinaus fühlen und denken sie ähnlich, so dass sie es gut miteinander aushalten.

Konkurrentin und Leidensgefährtin

Obwohl Tilli verheiratet ist, betrügt sie ihren Mann und hat deshalb ein schlechtes Gewissen (S. 110), das Doris ihr auszureden versucht. Auch Tilli gehört zu den Personen, die Doris großzügig während ihrer Verbindung mit Alexander beschenkt (S. 124).

Als Doris Alexander verlassen muss, wendet sie sich wieder an Tilli Scherer. Allerdings ist nun deren Mann Albert zurück und arbeitslos, so dass Tilli als Putzfrau den Lebensunterhalt für die beiden verdient (S. 128). Wenn Tilli die Wohnung verlässt, begleitet Doris sie, weil sie sich dem (sexuellen) Drängen Alberts entziehen will (S. 128 f.). Allerdings gelingt ihr das nicht immer. Als sie Hulla zu Hilfe eilen will, kann sie dem Annäherungsversuch für einen Augenblick nicht widerstehen, so dass sie den Suizid Hullas nicht (mehr) verhindern kann (S. 131). Später erfährt Doris, dass Albert wegen Einbruchs und Tilli wegen Beihilfe verhaftet worden sind (S. 150).

Hulla

Ganz unten in der Gesellschaftspyramide

Hulla ist eine der vier Prostituierten des Zuhälters Rannowsky, die allesamt im gleichen Haus wie Doris und Tilli wohnen. Rannowsky neigt zu Gewaltanwendungen und schlägt Hulla einmal so zusammen, dass sie im Gesicht dauerhaft entstellt ist. Während seiner Haft soll sich Hulla um seine Goldfische und insbesondere um seinen Lieblingsfisch Lolo kümmern. Hulla, die durch ihre Entstellung weniger verdient, tötet den Fisch. Nun hat sie Angst, dass Rannowsky ihr erneut etwas antut. Aus Angst springt sie bei seiner Rückkehr in den Tod (S. 131).

Hanne

Ehefrau und Tänzerin

Hanne ist die durchgebrannte Ehefrau des Herrn Ernst. Sie ist 27 Jahre alt (S. 166) und arbeitet in einer Tanzschule (S. 189). Herr Ernst ist stolz auf sie; er liebt sie noch immer und erzählt deshalb ständig von ihr (S. 169). Herr Ernst hat sie zunächst als furchtbar ehrgeizig wahrgenommen. Sie habe ihre »Kunst« (S. 173), das Tanzen, sehr geschätzt, aber sehr viel Angst vor dem Älterwerden gehabt und sich davor gefürchtet, nur als ein Anhängsel ihres Mannes sowie als unselbständig und unproduktiv betrachtet zu werden.

In ihrer Selbstcharakteristik (Brief an ihren Mann, S. 188–191) bestätigt sie dessen Einschätzungen. Vor ihrer Ehe habe sie ständig um Erfolg gekämpft und dabei Misserfolge hinnehmen müssen. Darüber hinaus habe sie immer Angst verspürt, ihre Ziele zu verfehlen. Die ersten beiden Ehejahre hätten sie dann zwar ausgefüllt, aber zusehends habe sie wieder die »Angst vor dem Altwerden, dem Etwas-versäumt-haben und dem Zu-spät« (S. 190) ergriffen. Als Ursachen für ihre Entfremdung führt sie ihre Selbständigkeit und die geliebte Berufstätigkeit an (S. 190 f.).

Als sie dann den anderen Mann kennengelernt habe, sei sie in ihn verliebt gewesen. Erst in der letzten Zeit sei ihr klar geworden, dass sie doch an ihrem Ehemann hänge, der zu einem wesentlichen Bestandteil ihres Lebens geworden sei (S. 191).

Doris trifft Hanne

Als Doris bemerkt, dass Herr Ernst seine Frau nach wie vor liebt und sie keine Chance haben wird, ihn für sich zu gewinnen, sucht sie ein Gespräch mit Hanne (S. 212 f.). Dabei nimmt Doris wahr, dass sie sich ein Bild von ihr gemacht hat, das nicht voll zutrifft. In Wirklichkeit sei Hanne gar nicht so hübsch und habe nicht so lange Beine, wie sie bisher angenommen habe (S. 212). Besonders traurig macht Doris das Geständnis Hannes, dass es überwiegend ökonomische Gesichtspunkte sind, die sie zu ihrem Mann zurückkehren lassen, den sie nicht zu sehr liebe, den sie aber als Versorger (S. 213) schätze.

Mila von Trapper

Doris' Gegenspielerin

Obwohl das Verhältnis zwischen Doris und der adligen Schauspielerin von Anfang an angespannt ist, erkennt Doris deren »großartige Figur« (S. 38) und schauspielerisches Talent (S. 39) an. Allerdings hat sich die von Trapper durch ihre herablassende Art und die öffentliche Bloßstellung den Hass von Doris zugezogen (S. 41). Doris rächt sich, indem sie ihre Gegenspielerin auf der Toilette einschließt, so dass sie ihren Auftritt während der Generalprobe verpasst und ihre Rolle verliert (S. 42).

Männerbekanntschaften

Doris hat eine Vielzahl von Männerbekanntschaften. Die meisten Männer (Käsemann, Grönland, der Schriftsteller Armin, roter Mond, der weiße Onyx, der Schöne u. a.) sind gerne bereit, ihre Freizügigkeit und ihr Entgegenkommen sowie ihr Verständnis durch Geschenke zu belohnen und ihre materielle Situation zu sichern. Natürlich gibt es auch Männer, die es nicht nur auf ihren Körper und ihr Aussehen abgesehen haben. Hier werden nachfolgend nur die wichtigsten ›Begleiter‹ Doris' vorgestellt.

Hubert

Der promovierte Physiker Hubert stammt aus München und ist zur Zeit der Handlung um die 30 Jahre alt. Er zögert, sich auf Doris einzulassen, weil er Angst vor den Verpflichtungen hat, die sich aus einer dauerhaften Beziehung ergeben könnten (S. 18). Nachdem er sich von Doris hat verführen lassen, plagen ihn »Gewissensbisse[]« (S. 19). Nach einem Jahr trennt er sich von ihr, um eine Frau »aus seinen Kreisen« (S. 19) zu heiraten. Es handelt sich um eine wohlhabende Professorentochter, die seinen Vorstellungen mehr entspricht. Neben dem Geld und dem höheren öffentlichen Ansehen schätzt Hubert ihre Anständigkeit (S. 21), denn sie hat sich ihm nicht vor der Ehe hingegeben. Seine Ehe und seine beruflichen Pläne scheitern, so dass er sich wieder an Doris wendet (S. 62). Doris empfindet kurz Mitleid, bevor er für sie zu einer »gestorbene[n] Erinnerung« (S. 63) wird und sie dieses Mal ihn für immer verlässt.

■ Physiker und Versager

Ehemann der Mutter

Bei dem Mann ihrer Mutter handelt es sich um einen arbeitslosen Nörgler und Trinker (S. 10). Von seiner Stieftochter (S. 92) wird er als vollkommen ungebildet und faul geschildert (S. 27). Nur in der Öffentlichkeit reiße er sich zusammen, ansonsten gebe er den Haustyrannen (S. 27). Er sei ein alter Mann und Kartenspieler, der keinen Halt in seinem Leben habe

■ Arbeitsloser Nörgler und Trinker

(S. 44). Ihren Aufstiegswünschen begegne er mit Wut, weil ihm dann das Geld für seine Spiel- und Trunksucht fehle (S. 44).

Brenner

Ein blinder Kriegsinvalider

Herr Brenner ist 40 Jahre alt und stammt aus dem Elsass. Er hat im Ersten Weltkrieg für Deutschland gekämpft und dabei sein Augenlicht verloren. Er lebt mit seiner sehr alten und bösen Frau zusammen (S. 95). Da er aufgrund seiner Herkunft keine Invalidenrente bekommt, muss seine Frau durch Näharbeiten den Unterhalt für die beiden verdienen (S. 95 f.).

Doris besucht ihn häufiger, wenn seine Frau fort ist. Brenner lässt sich dann Doris' Impressionen aus der Stadt schildern, und als kleine Gegenleistung schenkt er ihr eine selbst aufgezogene Holzperlenkette. Er interessiert sich für ihr Aussehen und für die aktuellen Bilder und Plakate in der Stadt (S. 101). Über die Liebe vertritt Brenner andere Ansichten als Doris. Für ihn bedeutet die Liebe mehr als für Doris. Vor allem aber ist sie für ihn »kein Geschäft« (S. 111).

Mit Doris unternimmt er, kurz bevor er in ein Heim gehen muss, einen ausführlichen Abendspaziergang durch Berlin, auf dem Doris ihm die Schönheit der Stadt näherbringt. Er nimmt während des Rundganges nicht nur positive Aspekte wahr. Durch die Schilderung seiner ambivalenten Eindrücke bringt er Doris' positive Einstellung zum Leben in der Metropole ins Wanken (S. 118 f.).

Alexander

Alexander ist ein uralter Mann, der – einer fröhlichen rosa Kugel oder einem runden kleinen Edamer ähnelnd – eine extravagant eingerichtete Zimmerflucht auf dem Kurfürstendamm bewohnt (S. 122 f.). Er hofft darauf, dass Doris ihn nicht nur wegen seines immensen Reichtums liebt, sondern ihn auch ein bisschen mag. Der »Mann mit Schliff« (S. 124), der etwas klein und dick ist, finanziert Doris' Dasein als »Glanz« (S. 127), ihre großzügigen Geschenke an ihre Mutter und ihre Freundinnen und stellt ihr einen Mercedes mit Chauffeur. Es ist sein Dank dafür, dass Doris sich auf eine Affäre mit ihm einlässt und er ihr aus seiner Kindheit erzählen darf. Ansonsten ist er so nervös, dass sich Doris ernsthaft um seine Gesundheit sorgt. Zu Doris' Erstaunen wird er verhaftet.

■ Ein uralter und steinreicher Firmeninhaber

Karl

Karl, ein junger und arbeitsloser Maschinenschlosser, lebt vom Verkauf seiner selbstgezüchteten Salate und Rettiche sowie der selbst geschnitzten Pfeifen und Puppen. Der gebürtige und Dialekt sprechende Berliner wohnt in einer Laubenkolonie (S. 149). Trotz seiner Arbeitslosigkeit ist der junge Mann mit dem »freche[n] aschige[n] Haar« immer sehr gut gelaunt (S. 149). Der Anhänger des Sozialismus unterbreitet Doris das Angebot, zu ihm zu ziehen und mit ihm zusammenzuleben, was sie aber zunächst ablehnt

■ Wohlmeinender Sozialist

(S. 151). Am Ende des Romans will sie auf sein Angebot eingehen. Sie macht sich deshalb auf die Suche nach ihm (S. 217 f.).

Herr Ernst

Auf fast 60 Seiten gewährt die Ich-Erzählerin den Lesern einen Einblick in ihr Zusammenleben mit Herrn Ernst sowie in dessen Persönlichkeit (S. 153–211).

Werbegrafiker und verlassener Ehemann

Dem immer noch verheirateten 37-jährigen Werbegrafiker mit den blauen Augen und den ledernen Falten im Gesicht (S. 161) ist die Ehefrau davongelaufen. Weil er Angst vor dem Alleinsein hat (S. 162), nimmt er Doris mit in seine modern eingerichtete Wohnung (S. 156) und kümmert sich aufopferungsvoll um sie. Er richtet ihr eine Schlafgelegenheit ein und versorgt sie mit Essen und Trinken (S. 159).

Er nimmt Doris' diverse Angebote, für Essen und Unterkunft zu zahlen, nicht an (S. 163). Ihm geht es vielmehr darum, seine 27-jährige Frau in den Mittelpunkt seiner Erzählungen rücken zu können (S. 165, 173, 178, 187). Die Leser erfahren, dass er sie immer geschont und seine Pflichten ihr gegenüber gewissenhaft wahrgenommen hat.

Während er mit Doris zusammenwohnt, übernimmt er zunächst große Teile der Hausarbeit, die er im Laufe des Zusammenrückens der beiden immer mehr an Doris abgibt. Er erfüllt Doris' Wunsch, das ›Drehbuch‹ ihres Lebens zu lesen, um mehr über ihre Persönlichkeit zu erfahren (S. 179). Doris erkennt, dass Herr Ernst ihr geistig überlegen ist, weil er sehr anspruchsvolle Literatur liest (S. 171, 184). Nicht nur wegen eines kleinen Geschenks kommt Doris zu der Einschätzung: »Aber er ist gut zu mir. Aber er ist ja anständig zu mir.« (S. 185)

Herr Ernst nimmt jedoch ihre Annäherungsversuche nicht wahr; selbst als sie sich gemeinsam einen Film im Kino ansehen, kommen sie sich nicht näher. Es vergehen weitere Tage, die durch einen rücksichtsvollen Umgang miteinander geprägt sind. Herr Ernst küsst Doris dann endlich auf den Hals, weshalb sie ihn »bildschön« (S. 202) findet und plötzlich auch sein »mildes Lächeln« und seine »Sanftmut« schätzt, die zuvor noch den Unmut der ›Mitbewohnerin‹ provoziert hatten (S. 164). Doris findet schließlich den richtigen Zugang zu seinen Gefühlen, so dass sich die beiden gegenseitig »tröste[n]« (S. 207) können, »bis [sie] schrecklich glücklich« sind.

Kein Platz für Doris' Liebe

Allerdings bringt es Herr Ernst nicht fertig, seine Ehefrau Hanne zu vergessen (S. 209). Für Doris ist das ein eindeutiger Beweis dafür, dass sie es nicht schaffen kann, die Liebe dieses Mannes zu gewinnen. Sie verlässt ihn, um Platz für Hannes Rückkehr zu schaffen (S. 213).

Der junge Mann in der Wartehalle

In der Wartehalle des Bahnhofs Friedrichstraße trifft Doris auf einen jungen Mann, der nach Ohligs fahren will, um seinem Onkel in der Schmiede zu helfen. Er

Der ehrliche Ratgeber

durchschaut Doris' Bericht (ihre Bildungsdefizite und ungleichen Voraussetzungen gegenüber Herrn Ernst) und rät ihr im besten Berlinerisch, dass man »nur mit seinesgleichen« (S. 215) eine Partnerschaft eingehen sollte. Auch ansonsten sagt er ihr seine aufrichtige Meinung. Auf ihre Frage, ob er sie heiraten würde, gibt er etwa ehrlicherweise zu, dass ihre »Erfahrungen« (S. 215) ihn stören würden. Von der Prostitution rät er ihr ab.

4. Form und literarische Technik

Gattungsaspekte

Irmgard Keun hat *Das kunstseidene Mädchen* der Großgattung Roman zugeordnet. Unter dieser Sammelbezeichnung kann sie verschiedene Aspekte integrieren: Ihr Roman kann als Großstadtroman, als Gesellschaftsroman oder als Tagebuchroman bezeichnet werden. In der Tradition der Neuen Sachlichkeit weist er auch Zeitkritik auf und verarbeitet Elemente des Films (»schreiben wie Film«, S. 8).

Großstadtroman

Keuns Roman handelt überwiegend in Berlin; die Ich-Erzählerin verarbeitet ihre Lebenserfahrungen, die sie um 1931/32 in der Großstadt sammelt. Sie schildert die sozialen, wirtschaftlichen, politischen und technischen Veränderungen insbesondere in der Übergangsperiode von der Weimarer Republik bis zur Machtübergabe an Hitler und die Nationalsozialisten.

■ Wirklichkeitsnahe Widerspiegelung des Großstadtlebens

Durch den massenhaften Zuzug von Menschen vor allem aus ländlichen Regionen wachsen die städtischen Zentren sehr rasch. Diese Konzentration führt in den Städten zu zahlreichen Problemen: Arbeitslosigkeit, Flucht in den Alkohol, Vereinsamung und Kriminalität. Zugleich entsteht hier eine neue Unterhaltungsindustrie. In Tanzpalästen, Revuetheatern,

Abb. 4: Berlin, Stresemannstraße, um 1930. Im Vordergrund ist das Haus Vaterland, einer der großen Unterhaltungspaläste, zu sehen. – Bundesarchiv, Bild 102-13681 / CC-BY-SA 3.0

Cafés, Bars und Filmpalästen können die Bürgerinnen und Bürger ihre Sorgen und Existenzängste kurzfristig vergessen. Die neue Subkultur befördert häufig einen Werte- und Realitätsverlust sowie die Desorientierung.

Zahlreiche Autorinnen und Autoren reagieren auf diese gesellschaftlichen und kulturellen Veränderungen, indem sie mit neuen Darstellungs- und Erzählmustern experimentieren, um die verschiedenen Erfahrungen literarisch anregend und möglichst wirklichkeitsnah darzustellen.

Gesellschaftsroman

Im Roman Keuns werden diverse Erscheinungsformen der Gesellschaft in der Endphase der Weimarer Republik geschildert. Die Ich-Erzählerin geht insbesondere auf die Polarisierung zwischen den verschiedenen Bevölkerungsschichten ein. Viele Reiche leben zum Teil in sündhaft teuren Hotelsuiten, führen ein Luxusleben und vergnügen sich in Kabaretts und Restaurants. Ein großer Teil der Bevölkerung verarmt dagegen zusehends und hält sich nur durch Straftaten über Wasser. Solidarität gibt es – wenn überhaupt – nur innerhalb der unteren Klassen. Die Hauptfigur Doris verkehrt zeitweilig in beiden Welten, bei Alexander im Luxus, obdachlos im Bahnhof Zoo.

■ Reichtum vs. Armut

Frauenroman

Frauenromane sind von Frauen geschrieben und/oder haben weibliche Protagonistinnen, stellen also die Lebenswirklichkeit von (jungen) Frauen in den Mittelpunkt. Oft geht es um die Kritik an den gesellschaftlichen Normen, die vor allem die Männer gesetzt haben, um sich ihre Macht und Verfügungsgewalt über die Frauen zu sichern. In den 1930er Jahren wurden »Frauenromane« zum Verkaufsschlager. Im vorliegenden Roman widersetzt sich die Protagonistin, die sich zu den Zielen der Frauenbewegung bekennt (S. 14), zumindest vorübergehend den restriktiven Regeln, wonach Frauen nichts dürfen, den Männern dagegen alles erlaubt ist. Sie versucht sich durchaus selbstbewusst zu verwirklichen und sich ihre Lebensträume zu erfüllen.

Schelmenroman (pikaresker Roman)

Doris als Schelmenfigur

Irmgard Keuns Protagonistin Doris trägt Züge einer Schelmenfigur. Sie benutzt zahlreiche Täuschungsmanöver und andere Raffinessen, um sich in Berlin durchzuschlagen. Ihre Liebhaber und ›Versorger‹ führt sie dabei humorvoll vor und charakterisiert sie entlarvend. Darüber hinaus benutzt die Autorin das Prinzip der additiven Reihung; sie schildert ausschließlich Episoden, die durch die Hauptfigur verbunden sind. Ein weiterer Beleg für die Zugehörigkeit des Werkes zum Genre des pikaresken Romans ist die Begründung der Protagonistin für ihren Aufstiegswillen, in der sie auf ihre ernüchternde Diskriminierungserfahrung bei der Einschulung verweist: »[…] und habe mir einen Schwur gemacht – nämlich, daß ich nicht eine sein will, die man auslacht, sondern die selber auslacht« (S. 92). Diese Ernüchterung tritt bei Doris noch zweimal auf; zunächst bei dem Versuch, sich gegen die anderen Schauspielerinnen im Theater durchzusetzen, und am Ende des Romans, als sie einsehen muss, dass alle Bemühungen um den sozialen Aufstieg gescheitert sind.

Tagebuchroman

Die Hauptfigur beschließt zu Beginn des Romans, ihre Erlebnisse, Einsichten und Gefühle aufzuzeichnen. Sie bezeichnet ihren Schreibstil mit »schreiben wie Film« (S. 8). Dabei hält sie sich nicht stringent an die Ordnungseinheit Tag. Doris erzählt nicht linear; es sind immer wieder auch Zeitsprünge, Rückblicke eingestreut, vor allem, wenn sich sonst nichts Einschneidendes ereignet hat. Sie montiert ihre Einträge (Szenen) wie im Film und stellt sie äußerst anschaulich und gut vorstellbar dar. So gewährt sie den Lesern Einblicke in ihr Innenleben, ihre Vergangenheit und das Zusammenleben mit zahlreichen Männern. Die ›Drehbuchverfasserin‹ reflektiert auf persönliche Weise ihr Verhältnis zu ihren Liebhabern und beschreibt, wie sie aufgrund ihrer erworbenen Menschenkenntnis die Männer für ihre Ziele instrumentalisiert. Hauptgegenstand ihrer Aufzeichnungen ist das tägliche Leben auf den Straßen Berlins. Dabei hat sie immer die Leserinnen und Leser im Auge, die sie von den Vorteilen des glanzvollen Lebens in der Großstadt überzeugen will.

■ »schreiben wie ein Film«

Zeitroman

Der vorliegende Roman weist zahlreiche Merkmale des Zeitromans auf. Dabei geht es der Ich-Erzählerin um die Darstellung der aktuellen gesellschaftlichen, ökonomischen, medialen und politischen Entwick-

■ Aktuelle Tendenzen

lungen. Dieses Genre erlebt in der Epoche der Neuen Sachlichkeit eine große Akzeptanz. Die Ich-Erzählerin informiert ihr Publikum über die vielen Plakate, auf denen die Arbeitslosen auf ihr Schicksal aufmerksam machen und nach (Gelegenheits-)Arbeit suchen (S. 101). Sie analysiert die große Anzahl von Passanten in den Straßen. Ihr fällt auf, dass viele junge Frauen sich ›anbieten‹, um ihre Existenz oder die ihrer Familie zu sichern. Doris, die Autorin des ›Drehbuches‹, gehört zu denen, die die Filmschauspielerinnen und die Modetrends bewundern und gerne deren Lebensweise nachahmen würden. Sie erkennt aber nach und nach, dass der Film nur Illusionen und vor allem eine Traumwelt produziert, die für die arme Mehrheit der Konsumenten nicht zugänglich ist.

Struktur

■ Gliederung

Der Roman besteht aus drei etwa gleich langen Teilen. Sie werden durch eine Überschrift eingeleitet, die den ungefähren Zeitraum und den überwiegenden Ort der Handlung genauer bestimmt. Die drei Teile weisen weitere unbetitelte Abschnitte auf, die durch Absätze voneinander getrennt sind.

Gliederung	Die wichtigsten Ereignisse	Zeit
Erster Teil *Ende des Sommers und die mittlere Stadt* S. 7–64	• Doris beginnt mit den Einträgen in das ›Drehbuch‹ • Die Episode mit Hubert • Verlust des Arbeitsplatzes • Statistin am Theater • Mini-Rolle in Schillers *Wallensteins Lager* **Doris beschließt, ein »Glanz« (S. 45) (eine Berühmtheit) zu werden** • Nach der Premiere glaubt sie verstärkt an die Möglichkeit, ein »Glanz« zu werden • Diebstahl des Pelzmantels (Feh) • Enttäuschendes Wiedersehen mit Hubert	Spätsommer/ Herbst 1931
Zweiter Teil *Später Herbst – und die große Stadt* S. 67–139	• Doris ist nach Berlin geflohen • Bei Margrete Weißbach • Einzug bei Tilli Scherer • Zahlreiche Männerbekanntschaften: – Der rote Mond (Schriftsteller) – Der Onyx und der »Schöne« (S. 86) – Die Episode mit Brenner – Die Episode mit Alexander **Doris hat ihr Ziel erreicht: Luxusleben und Glanz** – Die Episode mit Lippi Wiesel • Doris ist am Tiefpunkt	Spätherbst/ Winter 1931

Dritter Teil *Sehr viel Winter und ein Wartesaal* S. 143–219	• Doris ist rat- und orientierungslos, ihr ist alles egal • Sie übernachtet in einem Taxi • Begegnung mit Karl, der ihr anbietet, zu ihm zu ziehen • Episode mit Herrn Ernst • Doris verlässt Herrn Ernst • Sie trifft sich mit seiner Frau Hanne • Doris trifft im Wartesaal auf einen jungen Mann und spricht mit ihm über ihre Pläne • Sie will nach Karl suchen, um sein Angebot anzunehmen • **Doris gesteht sich ein, dass ihr Selbstverwirklichungsversuch gescheitert ist**	Winter/Frühjahr 1932

Erzähltechnik

Erzählform und -verhalten

Die Ich-Erzählerin Doris schildert die Ereignisse in ihrem ›Drehbuch‹ aus ihrer eigenen Sicht (personale Ich-Erzählperspektive). Die Leserinnen und Leser erfahren deshalb nur das, was sie von sich aus bereit ist, anderen mitzuteilen. In einzelnen Abschnitten nimmt sie auch die auktoriale Ich-Erzählperspektive ein. Das beste Beispiel dafür ist die Schilderung ihrer Beziehung zu Hubert, die ja schon länger zurückliegt und die sie aus ihrer jetzigen Perspektive kommentiert (S. 18–22). So empfangen die Leser zwar alle Informationen aus erster Hand, aber eben nur aus der

Sicht Doris', womit die Authentizität ihrer Aussagen natürlich nicht sicher ist. Ein anderes geeignetes Beispiel ist der Rückblick der Protagonistin auf ihre Kindheit und Schulzeit (S. 92 f.).

Die Ich-Erzählerin schildert ihre Einträge sowohl aus der Innenperspektive als auch aus der Außenperspektive; erzählendes und erlebendes Ich fallen zusammen. Auf diese Weise nehmen die Leser zum einen Anteil an ihrem Denken und Fühlen. Zum anderen erfahren sie, wie Doris Herrn Brenner ihre Sichtweisen der Stadt vorstellt (S. 101 f.).

Erzählperspektive

Als Erzählhaltung hat die Ich-Erzählerin eine überwiegend sachliche, zum Teil humorvolle oder auch ironische Betrachtungsweise gewählt. Die folgende Formulierung verdeutlicht, wie Doris ihre Erfahrungen mit einem durchaus ernsten Sachverhalt ausdrückt: »Die Zeiten sind furchtbar, keiner hat Geld, und es herrscht ein unsittliches Fluidum – denkt man bei einem, den kannst du anpumpen – pumpt er einen im Augenblick schon selber an.« (S. 28)

Erzählhaltung

In Keuns Roman treffen wir folgende Darstellungsformen an:

Darstellungsform und Figurenrede

Im Bereich der **Erzählerrede**

- enthält Doris' Bericht eine straffe und geraffte Darstellung der Handlung in chronologischer Abfolge, z. B. als sie mit Franz das »Resi« (S. 90) besucht;
- weist ihr ›Drehbuch‹ genaue und anschauliche Beschreibungen mit der Darstellung von Schauplätzen, Innenräumen, Gegenständen und Personen auf,

z. B. die Umgebung der zentralen Schauplätze, die Einrichtung und die Lichttechnik des Tanzsaales im Resi, die Besucher der Cafés und anderer Lokale;
- gibt die Ich-Erzählerin Kommentare ab, wenn sie sich z. B. auf die Selbstwahrnehmungen und frauenfeindlichen Vorstellungen der Männer bezieht.

Im Bereich der Wiedergabe der **Figurenrede**

- auf direkte Rede (Unterredungen mit dem Chef, S. 24 f.), indirekte Rede (Drohungen gegenüber dem Chef, S. 26 f.), erlebte Rede (Doris: »›Haben Sie eine Ahnung, was mir schon alles passiert ist!‹ sagt es in meinem Bauch, also mit meinem Mund nicht«, S. 165) sowie innerer Monolog (S. 8 und öfter).

Zeitgestaltung

Die im Roman **erzählte Zeit** erstreckt sich auf den Zeitraum vom Spätsommer 1931 bis ins Frühjahr 1932. Es handelt sich dabei um die Spätphase der Weimarer Republik und die Vorbereitung der Machtübergabe an die Nationalsozialisten. Die Erinnerungen an die Goldenen Zwanziger stehen des Öfteren im krassen Gegensatz zu der im Roman häufiger thematisierten Arbeitslosigkeit großer Bevölkerungskreise.

Das Erzähltempo variiert im Roman. Das zeitraffende und das zeitdeckende Erzählen dominieren in Keuns *Das kunstseidene Mädchen*. Mit zeitraffendem Erzählen beschleunigt die Ich-Erzählerin das Tempo, indem sie über die Ereignisse und das Zusammentreffen mit Männern verkürzt berichtet. Am besten lässt sich das zeitdeckende Erzählen auf S. 21 nachweisen, als Hubert Doris mitteilt, dass er sie verlassen wird, um die Tochter eines reichen und angesehenen Professors zu heiraten.

Im Bereich der Zeitordnung kommt es einige Male zu Rückblenden, so z. B. bei der Schilderung der Beziehung zu Hubert oder der Beschreibung, wie Doris die Liebhaber dazu gebracht hat, ihre Garderobe zu finanzieren. Die Zeitsprünge in der gerade einmal etwa neun Monate umfassenden Handlung erstrecken sich nur auf wenige Tage oder Wochen. Am Romanende trifft die Hauptfigur eine Vorausdeutung: Sie wird nach Karl suchen, um auszuloten, ob sie sich ein Zusammenleben mit ihm vorstellen kann (S. 218). Wenn er sie nicht mehr will, kann sie immer noch ein »Glanz« oder im schlimmeren Fall Prostituierte werden.

Raumgestaltung

Die Straßen und Vergnügungs- und Unterhaltungspaläste der Großstadt Berlin sind der Hauptschauplatz der Handlung. Berlin ist zugleich sozialer Raum. Das Leben in der Großstadt bestimmt nachhaltig Doris' Denken, ihre Verhaltensweisen und ihr Handeln. Die Mode, die in dieser Stadt getragen wird, und die Einrichtung der Zimmer oder Wohnungen, in denen die Begleiter sowie die Protagonistin leben, lassen Aufschlüsse über ihre Lebensart zu (S. 124 f.: die Wohnung Alexanders). Zugleich ist Berlin auch Stimmungsraum. Doris fühlt sich in dem Trubel dieser Stadt wohl und genießt trotz aller Einschränkungen, die sie hinnehmen muss, das Leben, so wie es sich ihr gerade bietet (S. 95 f.: Berliner Impressionen).

Schließlich füllt die Stadt den symbolischen Raum aus. Die zunehmende Anonymität deutet auf die Gefahr der Vereinsamung hin, von der auch Doris bedroht wird (S. 88). Der Lärm und die Hektik sind ein Symbol für die Mobilität und für die Energien, die diese Stadt in der Hauptfigur freisetzt. Schließlich sind es die vielen kulturellen und sportlichen Einrichtungen sowie die Angebote der Massenunterhaltung (Filme, Wochenschauen, Rundfunk, Schallplatten), die diese Stadt für seine Bewohner und die vielen Zugereisten attraktiv erscheinen lassen.

Sprache

Die Sprache der Hauptfigur wird in besonderer Weise durch eine niedrige Stilebene, die unzähligen Grammatikfehler und den umgangssprachlichen und unvollständigen Satzbau geprägt. Sein wesentlichstes Merkmal sind die aneinandergereihten Ellipsen, mit denen die Autorin die Hektik des alltäglichen Großstadtlebens nachempfindet. Verstärkt wird dieser Eindruck durch die stakkatohaften Satzanfänge, die zumeist mit einem ›und‹ eingeleitet werden (z. B. S. 72).

■ Elliptische Satzkonstruktionen

»Und nu sitz ich hier in einem Kaffee – Tasse Kaffee kann ich mir heute auf eigne Faust leisten. Die Musik spielt, was ich gern höre: Zigeunerbaron oder Aida – kommt ja nicht so drauf an. Neben mir ein Mann mit einem Mädchen. Er ist was Feineres – aber nicht sehr – und sie hat ein Gesicht wie eine Schildkröte und ist nicht mehr ganz jung und einen Busen wie ein Schwimmgürtel. Ich höre immer auf das Gespräch – so was interessiert mich immer, man kann nie wissen, ob man nicht lernt dabei.« (S. 11)

Weitere sprachliche Merkmale

Es fällt auf, dass Doris umgangssprachliche Praktiken aufgreift, indem sie z. B. unbetonte Buchstaben oder Silben weglässt (»rumgekriegt«, S. 19). Mitunter klingen ihre Vergleiche negativ und erinnern an Alltagsjargon, fast immer sind sie bildhaft und ungewöhnlich (»Die Luft war wie ein runder Kloß, und man konnte sich nicht schlucken«, S. 77; »meine Buchstaben zittern auf dem Papier wie sterbende Beine von Mücken«, S. 58).

Weitere Aufschlüsse über den individuellen Sprachgebrauch der Hauptperson liefert ihr Bericht über ihre Beobachtungen im »Romanische[n] Café«:

> »Und jeder sagt: Gott, dieses Lokal, wo diese herabgekommenen Literaten sitzen, man sollte da nicht mehr hingehn. Und gehn dann doch hin. Ich bildete mich ungeheuer, und es war, als wenn ich eine fremde Sprache lerne. […] und werfe voll Gleichgültigkeit und eiskalt ein einzelnes Fremdwort in sie hinein. Weil nämlich alle einzelnen Fremdworte in Gespräche geworfen ein Symbol sind, und ein Symbol ist das, was immer paßt. Wenn man es mit Sicherheit macht, schämt sich jeder, es nicht zu verstehen. Bei einem Symbol kann einem gar nichts passieren.« (S. 103–105)

Abb. 5: Arbeitsloser während der Weltwirtschaftskrise, um 1930. – Bundesarchiv, Bild 183-NO904-318

Auch dieser kurze Auszug veranschaulicht die satirische Erzählweise der Autorin. Die gespielte Naivität der Hauptfigur soll zeigen, wie gleichgültig die »herabgekommenen« Schreibenden auf den falschen Gebrauch von rhetorischen Figuren reagieren.

Zur Schreibweise Keuns gehört eine neue Wahrnehmungs- und Äußerungsweise. Ihre Hauptfigur Doris zeichnet ihre Wahrnehmungen der unmittelbaren Umgebung wie mit einem Kamera-Auge auf und speichert sie im Gedächtnis. Für den blinden

Kamerablick und Sprache

Herrn Brenner ruft sie dann die erinnerten Bilder ab, übersetzt sie in das Medium Sprache und projiziert ihm somit ihre ›Bilder‹:

> »Ich habe gesehen – ein Mann mit einem Plakat um den Hals: ›Ich nehme jede Arbeit‹ – und ›jede‹ dreimal rot unterstrichen – [...] es gab eine Frau ihm zehn Pfennig, die waren gelb, und er rollte sie auf das Pflaster, das Schein hat durch Reklame von Kinos und Lokalen. Und das Plakat war weiß mit schwarz drauf.« (S. 101)

Schließlich lässt die Autorin ihre Figuren im Berliner Dialekt sprechen, um den Grad ihrer Authentizität zu erhöhen (S. 151). Damit wird sie den ›Vorgaben‹ der Epoche der Neuen Sachlichkeit gerecht, die Realität möglichst präzise und objektiv wiederzugeben.

Dialekt

5. Quellen und Kontexte

Persönlicher Hintergrund

Selbstauskünfte der Autorin

Zur Herkunft ihres Wissens über die in ihrem Roman behandelten Themen hat sich die Autorin in zwei Interviews geäußert. Im ersten Gespräch mit Ursula Krechel[1] hat sie sich entschieden gegen direkte Vorbilder ausgesprochen. Sie habe immer ihre Persönlichkeit in den Mittelpunkt gestellt. Außerdem habe sie immer Spaß gehabt, fremde Rollen durchzuspielen und sie zum Gegenstand eigener Reflexionen zu machen. Sie bestätigte, dass es gewisse Parallelen zwischen dem eigenen Leben und den Lebensstationen Doris' gebe.

Aus dem zweiten Gespräch mit Christa Macker[2] wissen wir, dass Irmgard Keun zunächst in der Fabrik ihres Vaters als Stenotypistin gearbeitet hat. Danach hat sie eine Schauspielschule besucht und konnte so bei der Gestaltung ihrer Hauptfigur auf ihre persönlichen Erfahrungen zurückgreifen. Das Milieu der Prostituierten hatte sie nach eigenem Bekunden bereits in Köln mit einer Mitschülerin erkundet. In vielen

1 Vgl. Ursula Krechel, »Anstiftung zur Kühnheit«, in: Irmgard Keun, *Das Werk*, hrsg. von Heinrich Detering und Beate Kennedy, Bd. 1: *Texte aus der Weimarer Republik. 1931–1933*, Göttingen [3]2018, S. 7–35.

2 »Emanzipiert bin ich, seit ich denken kann« – Irmgard Keun im Gespräch mit Christa Macker. Das Interview ist zu finden in: Hiltrud Häntzschel, *Irmgard Keun*, Reinbek bei Hamburg 2001, S. 8 f.

Gesprächen, die sie mit den jungen Frauen geführt habe, seien ihr Einblicke in deren Nöte, Denkweisen, Motivation und Wünsche gewährt worden.

Literaturwissenschaftlerinnen und -wissenschaftler, die sich genauer mit dem Gesamtwerk Keuns beschäftigt haben, schließen nicht aus, dass andere Angestelltenromane als ›Vorbilder‹ in Frage kommen, ebenso der 1926 auf Deutsch erschienene bekannte Roman *Blondinen bevorzugt* (*Gentlemen Prefer Blondes*, 1925) der amerikanischen Schriftstellerin Anita Loos.

Das neue Frauenbild

Im Ersten Weltkrieg waren viele Männer gefallen, andere durch ihre schweren Verletzungen arbeitsunfähig geworden, so dass Frauen diese Arbeitsplätze übernehmen mussten. Viele von ihnen wurden Arbeiterinnen und Angestellte; zum großen Teil traten die jungen Mädchen direkt nach der Schule ins Erwerbsleben ein. Während viele Frauen ihre Arbeit im Haushalt und in der Erziehung der Kinder leisteten, halfen andere Frauen – oft in einer Doppelrolle – in der Landwirtschaft oder im Familienunternehmen aus.

Berufstätigkeit und Einkommen der Frau

Filme, Romane, Zeitschriften und Illustrierte warben für den neuen Frauentyp der Büroangestellten und stellten ihn als Ideal vor. In vielen Filmen wurde der Alltag der berufstätigen Frau – oft übertrieben positiv und nachahmenswert – beschrieben.

Häufig ließen sich die jungen Frauen von den Un-

Abb. 6: Die Schauspielerin Marlene Dietrich in Männerkleidern, 1933. – Bundesarchiv, Bild 102-14627 / CC-BY-SA 3.0

ternehmern zur Fließbandarbeit in den Fabriken anwerben oder sie nahmen in den Kanzleien, Rathäusern und Büros eine Tätigkeit als Gehilfin oder Stenotypistin auf. Andere wurden Verkäuferinnen in den großen Warenhäusern und den immer mehr anzutreffenden Ladenketten. Durch ihre selbständige Arbeit und ihren Beitrag zum wirtschaftlichen Aufschwung wuchs das Selbstbewusstsein vieler junger Frauen.

Dabei verdienten sie in der Regel nicht so viel Geld wie die Männer, so dass sie sich eher nur einen bescheidenen Luxus leisten konnten; sie besuchten die Ballsäle und Konzerthallen oder konsumierten Filme in den Kinos. 1930 konnten sich weibliche Angestellte kein Zimmer oder eine Wohnung von ihrem Lohn leisten. Die meisten jungen Frauen waren aus Geldmangel gezwungen, weiterhin im Elternhaus zu wohnen. Viele der einfachen Verkäuferinnen mussten sich oft mit einem kleinen Raum von der Größe einer Besenkammer begnügen.

Diverse Frauentypen

Der Begriff Neue Frau kam Ende des 19. Jahrhunderts zuerst in England und Amerika auf und meinte eine Frau, die eigenständig war, sich nach individueller Freiheit, materieller Unabhängigkeit, Selbstbestimmung und größerer sexueller Freizügigkeit sehnte und dafür gesellschaftliche Konventionen brach. Die Neue Frau lehnte Kleidungsgegenstände ab, die sie einzwängten. Sie bevorzugte Kostüme, Hosenanzüge, die in Deutschland vor allem durch Marlene Dietrich populär wurden, und kurze Kleider mit vielen Accessoires. Dazu trug sie viel Schmuck. Für ihre sportlichen Aktivitäten brauchte sie eine Kleidung, die ihr viel Bewegungsfreiheit bot. Für Schallplatten und Kinobesuche gab sie trotz ihres geringen Einkommens relativ viel Geld aus. Viele junge Frauen imitierten die Frisuren ihrer Idole, indem sie sich die Haare zum kurzen Bubikopf schneiden oder sich teure Wasserwellen legen ließen. Sie rauchten wie die Männer Zigaretten in der Öffentlichkeit und besuchten ohne deren Begleitung Restaurants, Cafés oder andere Lokale.

In Amerika dominierten vor allem drei Frauenbilder, die in Deutschland von vielen jungen Frauen nachgeahmt wurden. Es handelte sich um das Girl, die Garçonne und die Flapper.

Girl

Die Bezeichnung ›Girl‹ bezieht sich einerseits auf eine junge Frau, die mit anderen gleichgekleideten Frauen gemeinsam in einer Tanzshow in einem der vielen Revuetheater auftrat, andererseits dient sie als Sammelbezeichnung für die beiden nachfolgenden Frauenbilder.

Garçonne

Der Begriff ›Garçonne‹ leitet sich von dem französischen Wort *garçon* (›Knabe, junger Mann‹) her. Die Garçonne kleidete sich überwiegend knabenhaft oder männlich, trug also gerne den männlichen Kleidungsstücken nachempfundene Hosenanzüge und Hemden mit Krawatten. Sie nutzte gerne die neuen Möglichkeiten, die sich den Frauen in der Weimarer Republik boten.

Flapper

Der Ausdruck ›Flapper‹ (von engl. *to flap* ›flattern‹) bezieht sich in der Regel auf eine alleinstehende Frau, die, sehr selbstbewusst, bisher den Männern in der Öffentlichkeit vorbehaltene Verhaltensweisen für sich beanspruchte: Rauchen und Trinken. Sie interessierte sich für moderne Musik und für den Tanz und trug bevorzugt kurze Kleider (sogenannte Charleston-Kleider).

Die historischen Bezüge

Nach den schwierigen Anfangsjahren erlebte die Weimarer Republik eine Zeit der Stabilisierung und des wirtschaftlichen Aufschwungs. Die sogenannten Goldenen Zwanziger Jahre umfassten den Zeitraum von etwa 1924 bis 1929. Wesentliche Kennzeichen waren auf der einen Seite die Landflucht, Verstädterung und Verarmung großer Bevölkerungskreise. Auf der anderen Seite war ein enormer Aufschwung der Unterhaltungsindustrie und eine Blüte des kulturellen Lebens in den Großstädten zu verzeichnen, die dieser Zeit den Ruf verliehen, ›golden‹ zu sein. Die Menschen genossen zuversichtlich und erwartungsvoll das Leben. Sie verbrachten ihre Freizeit in Cafés, Theatern und Varietés. Kinos boten ihnen ein großes Angebot an Massenunterhaltung. Das nächtliche Leben in den Großstädten wurde geprägt durch Ausgelassenheit, Freizügigkeit und Genusssucht. In den Vergnügungspalästen wurde getrunken und getanzt.

■ Die Goldenen Zwanziger (1924–1929)

Am 24. Oktober 1929 stürzten an der New Yorker Börse die Kurse so stark ab, dass in der Folge die US-Wirtschaft und kurz darauf die Wirtschaft weltweit einbrachen. Die Weltwirtschaftskrise beendete abrupt die Hoffnungen auf die Fortsetzung der sicheren Lebensbedingungen und der stabilen politischen Verhältnisse. Die Folgen der Krise trafen vor allem die deutsche Wirtschaft, die Banken, die Industrie und den Handel. 1930 gab es schon mehr als drei Millionen Arbeitslose. Die Massenarbeitslosigkeit wurde zu ei-

■ Die Weltwirtschaftskrise und ihre Folgen (1929–1932)

ner der Ursachen für die Radikalisierung der extremen Parteien, die wiederum für eine politische Dauerkrise sorgten und mit großem Eigeninteresse eine Katastrophenstimmung verbreiteten. Die demokratischen Parteien verloren die Unterstützung der Bürger, die sich in den Wahlen zur Nationalversammlung nach 1930 immer mehr den Parolen der antidemokratischen Parteien zuwandten. Mit der Machtübertragung am 30. Januar 1933 an Hitler und die Nationalsozialisten rutschte Deutschland weiter in die Katastrophe.

6. Interpretationsansätze

Leben – Arbeiten – Vergnügen

Irmgard Keuns Protagonistin Doris ist mit ihrer Lebenssituation in einer nicht genauer benannten mittleren Stadt unzufrieden. Herkunft und unzureichende Bildung führen zu Minderwertigkeitsgefühlen, die sie vor allem durch Ehrgeiz und einen sozialen Aufstieg überwinden will (S. 11). Einerseits sehnt sie sich nach zwischenmenschlicher Wärme und Bestätigung (S. 18 f.), andererseits will sie als Anhängerin der Frauenbewegung (S. 14) frei und unabhängig sein.

Leben zwischen Selbständigkeit und Abhängigkeit

Da ihr die Tätigkeit als Stenotypistin keine ausreichenden Perspektiven dafür bietet, versucht sie auf dem ›traditionellen‹ Weg über die Beziehungen zu Männern ihrem Milieu zu entkommen. Mit der Bereitschaft, die Geliebte reicher Männer zu sein, kann sie ihren kargen Lebensunterhalt aufbessern (Käsemann, S. 11; Grönland, S. 12). Mit Hubert kann sie sich im ersten Teil des Romans ein Leben in der Rolle einer Ehefrau vorstellen (S. 19–22). Auf eine eigene berufliche Tätigkeit, wie sie sie bisher ausgeübt hat, will sie jedoch verzichten, um Anerkennung als »Mannequin« (S. 29) oder durch eine ähnliche Tätigkeit zu finden.

Ihre ersten Versuche, ihre Vorstellungen von einem aufregenden Leben in ihrer Heimatstadt zu verwirklichen, scheitern jedoch. Doris beschließt daraufhin, ein Leben wie die bekannten weiblichen amerikanischen und deutschen Filmstars zu führen, wie sie es aus den Filmen, Magazinen und aus der Werbung kennt. Sie setzt sich zum Ziel, ein »Glanz« (S. 45) zu werden und nach Möglichkeit ein Auto zu besitzen, in parfümiertem Badewasser zu baden und sich mit französischen Luxusartikeln umgeben zu können. Nach dem Diebstahl eines Pelzmantels muss sie ihre Heimatstadt verlassen. Sie flieht nach Berlin, wo sie hofft, ihre Wünsche und Sehnsüchte befriedigen zu können (S. 69).

Leben in der Metropole

Berlin hatte sich nach 1925 zu einer Metropole mit internationalem Flair gewandelt. Die Stadt bot den Bewohnern wie auch der Hauptfigur des Romans die Möglichkeit, gute wie schlechte Erfahrungen zu sammeln und überwiegend hoffnungsvoll in die Zukunft zu schauen.

Doris konzentriert ihre Hoffnungen auf Berlin. Die Großstadt hatte auch in kultureller Hinsicht in den 1920er Jahren an Bedeutung gewonnen. Vor allem aber zielte die Unterhaltungsindustrie anfangs der 1930er Jahre darauf ab, die Bevölkerung von den alltäglichen Problemen wie Massenarbeitslosigkeit, Massenarmut und Wohnungsnot abzulenken. Die Menschen sollten in den verschiedenen Lokalen und Theatern ihre Sorgen vergessen oder zumindest vorübergehend verdrängen.

Da Doris in Berlin tagsüber untätig ist, freut sie sich auf den Abend, den sie in vollen Zügen genießt. Sie vertreibt sich die Zeit mit Kinobesuchen, mit Tanzen in den Unterhaltungspalästen und mit dem Durchstreifen von Szenelokalen.

Irmgard Keun reagierte wie keine andere Schriftstellerin dieser Zeit auf das **Unterhaltungsbedürfnis** ihrer Leserinnen und Leser. In ihrem Roman finden sich immer wieder Anklänge an die neuesten kulturellen Entwicklungen. Eine neue Musikszene war entstanden, die neben Schlagern amerikanischen Jazz bevorzugte. Keuns Hauptfigur Doris verspürt oft große Lust, bekannte **Schlager** nachzusingen (S. 201). Sie verfügt über ein großes Repertoire an Titeln, die für die Zeit repräsentativ sind. Dazu zählen unter anderem: *Ich hab dich lieb, braune Madonna* (S. 29, 80, 111), *Wenn die Elisabeth nicht so schöne Beine hätt* (S. 55), *Das ist die Liebe der Matrosen* (S. 90, 91 f., 171, 192), *Ich schenke dir mein Herz* (S. 114), *O Donna Klara* (S. 146), *Armer Gigolo, schöner Gigolo* (S. 154, 166), *Warum lächelst du, Mona Lisa?* (S. 169), *Wien, Wien, nur du allein* (S. 194), *Das gibt's nur einmal, das kommt nicht wieder* (S. 194).

■ Schlager und populäre Musik

Schon auf der zweiten Seite lauscht die Protagonistin dem **Grammophon**, das sich in der Bevölkerung einer großen Beliebtheit erfreute. Doris schenkt ihrer Freundin später neben dem Gerät noch 18 Platten des bekannten Tenors Richard Tauber (S. 123).

Des Weiteren hört sie sehr gerne populäre **Musik** in den Bars (S. 12) und im Radio, entweder allein (S. 29) oder gemeinsam mit Herrn Ernst (S. 179). Sie empfindet die Musik als »wunderbar[]« (S. 181) und »enorm[]«. Sie hört gern die Schallplatten, die im Kino gespielt werden und aus den Bars laut auf die Straße dringen (S. 95).

In den Tanz- und die Unterhaltungslokalen spielten Musiker für die Gäste zum **Tanz** auf. Auch Doris tanzt, bis sie sich verausgabt hat (S. 29, 55, 91, 109).

Amerikanische und deutsche Filme

Filmproduktionen aus Amerika und Deutschland lockten Millionen von Besuchern in die vielen neu errichteten Filmpaläste. Doris sieht unter anderem die bekanntesten deutschen Filme der Zeit. Zum einen nennt sie *Der Kongreß tanzt* mit Lilian Harvey in der Hauptrolle (S. 127) und *Mädchen in Uniform* (S. 191), in dem Hertha Thiele und Dorothea Wieck sowie Ellen Schwanneke die Hauptrollen verkörperten.

Die weiblichen Filmstars dieser oder der vielen bekannten amerikanischen Produktionen (wie z. B. Colleen Moore, S. 8) wurden zum Vorbild vieler junger Frauen. Sie übten großen Einfluss auf die Emanzipation der Frauen und auf deren Vorstellungen von der *Neuen Frau* aus. Doris ist von der »Frauenbewegung« (S. 14) beeindruckt und orientiert sich an deren modischer Kleidung und sportlichen Aktivitäten.

Das umfassende Angebot, das die kulturellen Einrichtungen dem Großteil der Bevölkerung im Roman unterbreiten, entspricht letztlich viel stärker dem Unterhaltungsbedürfnis der Massen und orientiert sich weniger an den ohnehin nur geringen Bildungsinteressen.

Irmgard Keuns Hauptfigur Doris will die Verwirklichung ihres Lebensentwurfes, ein »Glanz« (S. 45) zu werden, schriftlich in einem ›Drehbuch‹ dokumentieren. Bei der späteren Lektüre ihrer Konflikte, Erfahrungen und Verhaltensweisen will sie sich fühlen wie im Kino. Ihre Aufzeichnungen notiert sie deshalb in einem Stil, der an die Erzähl- und Darstellungsweise eines Films erinnert: »in Bildern« (S. 8). Die filmische Darstellungsweise mit Bildsequenzen, Schnitten und erzählerischen Kamerafahrten ist für Doris die angemessenste Form, um ihr Leben darzustellen. Beispielhaft dafür ist etwa, wie Doris dem blinden Herrn Brenner ihre visuellen Eindrücke von Berlin vermittelt: »Ich sammle Sehen für ihn. Ich gucke mir alle Straßen an [...]. Und dann merke mir mein Sehen und bringe es ihm mit.« (S. 96) An anderer Stelle »pack[t] [sie ihre] Augen aus« (S. 107), um ihre Eindrücke von der Metropole, ihrer unmittelbaren Umgebung und ihren Mitmenschen aufzunehmen, die sie anschließend wie Bilder in einem Film aneinanderreiht, speichert und sie dann dem Herrn Brenner wiedergibt. Nach dem gleichen Prinzip organisiert sie die schriftliche Fixierung ihrer Erlebnisse: Die wahrgenommenen Sachverhalte und Bilder, oft Dokumente der gesellschaftlichen Missstände, aber auch der herrschenden Mode oder des großstädtischen Lebens, bilden die Grundlagen für ihr ›Drehbuch‹, für das sie gleichzeitig als Autorin, Hauptfigur und Leserin agiert.

»schreiben wie Film«

Keun reagiert mit ihrer Entscheidung für diese neue Darstellungsweise auf das neue Massenmedium Film, das Wahrnehmungsgewohnheiten der Menschen verändert hat. Sie begründet die Vorgehensweise mit den Erfolgen, die die Filmproduktionen in den vollen Kinosälen erzielen. Sie führt die Beliebtheit der

Filme darauf zurück, dass sie kein Vorwissen und keine spezielle Fähigkeiten auf Seiten der Zuschauerinnen und Zuschauer benötigen und somit deren Vorstellungsvermögen und den Unterhaltungswünschen in besonderem Maße entgegenkommen. In der schnellen Abfolge der Bilder sieht sie die besondere Attraktivität dieses Mediums (S. 8 f., 19, 102, 116, 127 und öfter).

Selbstverwirklichung oder Kampf ums Überleben

Wenn Doris dieses neue Leben führen will, muss sie einen Mann finden, der ihre Wünsche und Vorstellungen finanziert. Schon in der Heimatstadt gerät Doris in finanzielle Probleme, so dass sie nach einem »Mann für [ihre] Notlage« (S. 28), einem Versorger, sucht. Gleichzeitig will sie aber dennoch ihre Selbstständigkeit und Unabhängigkeit wahren, denn sie hat bei ihrem Studium der Männer die Einsicht gewonnen, dass »nur allein auf Männer angewiesen sein, […] leicht schief« geht (S. 29). In dem Essay *Das System des Männerfangs*, den Irmgard Keun in der Zeit verfasste, als sie an dem Roman schrieb, hat sie den Leserinnen eine mögliche Vorgehensweise für die Suche nach einem Versorger skizziert, die ein Scheitern der Bemühungen eher unwahrscheinlich macht:

■ *Das System des Männerfangs*

»Allgemeine Regeln: der Eitelkeit des Mannes Futter geben. Sein Selbstgefühl stärken, ihn stolz sein lassen auf sich. Ihn verstehen, wenn er verstanden werden will, und im richtigen Moment stoppen – mit dem Verstehen. Ein Mann wünscht nicht bis in die letzten abgründigen Tiefen seines einmaligen Innenlebens begriffen zu werden von einer Frau – er könnte sonst merken, daß es nicht so unerhört einmalig ist, und das würde er sehr übel nehmen. Also ihm immer noch den letzten, sanft melancholischen Seufzer des Unverstandenseins lassen, erschüttert von der eignen Machtlosigkeit dasitzen – er wird sie verzeihen und einem über die eigene Unvollkommenheit liebreich hinweghelfen. Jeder Mann legt Wert darauf, ein im Grunde ›einsamer Mensch‹ zu sein. Man respektiere das. Ihn sentimental sein zu lassen. Männer brauchen das – und können es nur bei einer Frau sein. Zynische Männer sind am sentimentalsten (Zynismus als Stacheldraht um ein zu weiches Herz) – man muß ihn taktvoll ahnen lassen, daß man, trotz verhüllender Geisteschärfe, von dem kostbaren weichen Herzen Kenntnis genommen hat. Unbedingt und immer über dasselbe mit ihm lachen – sonst ists Essig mit der erstrebten Gemeinsamkeit. Sich politisch aufklären lassen. Sehr dumm sein, aber sehr intelligent fragen. Zu seinen jeweiligen Freunden und Bekannten entzückend sein – Lob von anderen macht die eigenen Aktien um hundert Prozent steigen. Möglichst zu dreien oder vieren ausgehen – zusammensitzen – lieb und nett sein – und im richtigen Moment sehr graziös zur Telefonzelle entschwe-

> ben, um den Bekannten Gelegenheit zu ein paar anerkennenden Worten zu geben. Sie mit einem Nimbus von Verehrern – ›die einem aber sehr gleichgültig sind‹ – umgeben. Man ist nicht so. Man macht sich nichts draus. Man legt ihm die Skalpe der Eroberten zu Füßen – er wird stolz sein – auf sich, auf die Frau, auf sich und überhaupt. Ihm immer Gelegenheit zum triumphierenden Rivalentum geben. Und nicht sein – sondern reflektieren. Spiegelbild seines jeweiligen Wunsches. Ihm zuhören. Und dann–«[3]

Männerbekanntschaften

Es folgen dann weitere Empfehlungen für die Suche nach Männern, die unterschiedliche künstlerische und angesehene bürgerliche Berufe ausüben. Keun beendet ihre Ratschläge mit einer Regel, »die unter allen Umständen zu befolgen ist: selbst nicht *verliebt* sein, denn dann macht man *alles* falsch«.[4]

Käsemann und Grönland

An ihrer Romanfigur Doris spielt die Autorin diese Regeln und Empfehlungen durch, etwa in der Beziehung zu Käsemann und Grönland. Doris gibt den beiden das Gefühl, dass sie etwas Besonderes sind und dass sie sich Chancen bei ihr ausrechnen können. Gleichzeitig bietet sie ihnen die Gelegenheit, ihren

3 Irmgard Keun, »Das System des Männerfangs«, zuerst in: *Der Querschnitt* 32 (1932) H. 4, S. 259–261. Wiederabgedruckt in: Irmgard Keun, *Das Werk*, hrsg. von Heinrich Detering und Beate Kennedy, Bd. 1: *Texte aus der Weimarer Republik. 1931–1933*, Göttingen [3]2018, S. 227–231.

4 Keun (s. Anm. 3), S. 231 (Hervorhebungen im Original).

männlichen Beschützergeist und ihre spendable Großzügigkeit unter Beweis zu stellen. Ihre ›Gönner‹ tragen mit ihren Geschenken dazu bei, dass Doris ihr Aussehen durch entsprechende Kleidung und Accessoires aufwerten und damit ihren ›Marktwert‹ steigern kann.

Auch in Doris' Umgang mit ihrem Arbeitgeber, dem Rechtsanwalt, erkennt man unschwer die Ratschläge wieder, die Irmgard Keun in ihrem Essay formuliert hat. Doris' Chef kommt für sie als Liebhaber überhaupt nicht in Frage. Einerseits mag sie generell keine Rechtsanwälte, denn sie sind »immer happig aufs Geld und reden wie'n Entenpopo und nichts dahinter« (S. 9). Andererseits praktiziert sie fortwährend ein Spiel mit ihrem Chef, indem sie ihm sinnliche Blicke zuwirft oder ihn leicht berührt (S. 24), um ihn von ihren Schwächen in der Zeichensetzung und Ausdrucksweise abzulenken und ihn für sich einzunehmen. Damit greift Keun ein häufig behandeltes Thema in den Filmen der damaligen Zeit auf: Die Beziehung zwischen den weiblichen Angestellten und ihren männlichen Arbeitgebern. Später gibt Doris dann zu erkennen, dass sie sich niemals auf mehr als einen Flirt mit ihrem Chef eingelassen hätte und weist dessen Versuch, sich ihr körperlich zu nähern, vehement ab (S. 24–26).

■ Der Rechtsanwalt

In Huberts Fall hält sich Doris zwar im Großen und Ganzen an ihren geheimen Grundsatz, sich nicht emotional verwickeln zu lassen, am Ende verliebt sie sich doch in ihn und lässt sich auf ihn ein (S. 19). Hu-

■ Der Doktorand Hubert

bert nutzt zunächst Doris' Verliebtsein aus und genießt das Leben mit ihr. Obwohl er weiß, dass Doris ihn als den Mann ihres Lebens betrachtet, entscheidet er sich später für eine andere Frau. Doris habe sich mit ihm eingelassen, er wolle aber lieber eine unberührte Frau »aus seinen Kreisen« (S. 19) ehelichen. Hubert kommt deshalb ebenfalls nicht als Ehemann oder Versorger in Betracht. Die Gründe für das Misslingen der Beziehung prägen Doris nachhaltig. Sie verzichtet darauf, bei den nachfolgenden Beziehungen Gefühle zu investieren oder aus Liebe zu handeln. Finanzielle Aspekte bestimmen von da an zunächst ihren Umgang mit Männern, so dass die Grenzen zwischen Zuneigung und Prostitution immer undeutlicher werden.

Doris' Ernüchterung im Hinblick auf die Verwirklichung ihrer Lebenspläne schreitet im zweiten Teil des Romans voran. Mit ihrer Vorgehensweise: »Wenn man Glück bei Männern haben will, muß man sich für dumm halten lassen« (S. 71), kann sie zumindest ihren Lebensunterhalt sichern, mit ihren Aufstiegsplänen kommt sie allerdings nicht voran. So setzt sie die Suche nach einem Mann fort, der ihr gefällt und der sie glücklich machen kann (S. 80). Dabei spielen bei Doris aber weniger die Gefühle eine Rolle, sondern vielmehr der Wunsch, die eigenen Lebensverhältnisse an den materiellen Gegebenheiten der reicheren Frauen zu orientieren (S. 81). In der Jockey-Bar lernt sie einen Schriftsteller (»den roten Mond«, S. 79) kennen. Als er sie zum zweiten Mal zu sich nach Hause einlädt, lenkt sie ihn von seinen Annäherungsver-

■ Der Schriftsteller

suchen ab, indem sie ihn in ein Gespräch über seine Schriftstellerei verwickelt (S. 84). Sie nutzt seine Konzentration auf seine nachfolgende Lesung, um die kostbaren Hemden seiner Frau zu stehlen. Auch über den Umgang mit Schriftstellern ist in Irmgard Keuns Essay *Das System des Männerfangs* (siehe oben) zu lesen.

Doris' Konzept der Vermarktung ihres Aussehens und ihres Körpers scheint erfolgreich zu sein. Ein Aktionär verspricht ihr Geld und eine Wohnung als Gegenleistung, wenn sie seine Geliebte wird (S. 86). Doris kann diesem Angebot nicht widerstehen. Widerstand ist ohnehin nicht ihre Stärke. Sie lernt im Hause des Aktionärs einen Mann kennen, der eine große sexuelle Anziehungskraft auf sie ausübt. Sie gibt sich ihm freizügig hin, obwohl sie keinerlei materielle Vorteile aus dieser Bekanntschaft zieht. Es reicht, dass er ihr gefällt. Dies veranlasst Doris zu der Feststellung: »Liebe ist noch so ungeheuer viel mehr, daß es sie wohl gar nicht, vielleicht kaum gibt.« (S. 87)

Andere Männer

Im Umgang mit dem blinden Herrn Brenner macht Doris eine ganz neue Erfahrung. Bisher hat sie von ihren Gönnern Geschenke usw. empfangen. Nunmehr ist es an ihr, einem anderen Menschen etwas zu geben. Indem sie Herrn Brenner die Stadt schildert, ersetzt sie quasi sein Augenlicht. Sie erkennt, dass man nicht nur materiell helfen kann, sondern auch, indem man einem anderen eine Freude bereitet (S. 99). Und so schenkt sie Herrn Brenner ihre Zuneigung. Über die Frage, ob es den Männern immer nur um die Sexualität geht, hat Doris ihre eigenen Ansichten entwickelt. Sie spricht davon, dass Frauen und Männer in der Liebe gleichberechtigt sind. Sie entkräftet Tillis Beschwerde: »Männer sind nichts als sinnlich und wollen nur das«, indem sie darauf hinweist, dass »Frauen [...] auch manchmal sinnlich [sind] und [...] manchmal nur das [wollen]. Und das kommt dann auf eins raus. [...] Und es ist auch keine Schweinerei, weil man ja gleiche Gefühle hatte, und jeder will dasselbe vom andern.« (S. 99)

Doris gehört zu den Frauen, die nach dem neuen Frauenbild einerseits nach der »wahre[n] Liebe« (S. 205) suchen und andererseits ihre Sexualität frei ausleben wollen. In der Diskussion mit Herrn Brenner über die Liebe gewährt Doris Einblick in ihre Vorstellungen von der Liebe: »und Liebe ist zufällig zusammen betrunken sein und aufeinander Lust haben und sonst Quatsch« (S. 110). Als Brenner ihr entgegenhält, dass Liebe mehr sei, antwortet sie ausweichend: »Liebe ist allerhand und Verschiedenes« (S. 111). Auf seinen Einwand, Liebe sei kein Geschäft, wird Doris nachdenklich: »›Hübsche Mädchen sind ein Geschäft [...] was hat das mit Liebe zu tun‹ – ich weiß ja, ich weiß ja – Liebe – ja – aber ich will nichts wissen, ich will nicht.« (S. 111)

■ Kontroverse mit Brenner

Während des gemeinsamen Rundgangs stellt sie enttäuscht fest, dass er sich nicht einmal ein bisschen in sie verliebt hat. So baut sich in ihr erneut die Angst vor dem »Alleinsein« (S. 117) und der erneuten emotionalen Verletzung (S. 118) auf, so dass sie lieber ihre

Gefühle unterdrückt. Ihre Verunsicherung wird deutlich in ihrer Frage: »Wo ist denn nur Liebe und etwas, was nicht immer gleich entzwei geht?« (S. 119)

Doris setzt ihren Körper ohne Gewissensbisse als Ware ein, um ihren sozialen Aufstieg zu erreichen. Bis auf Herrn Brenner nutzt sie die auf Hubert folgenden Männerbekanntschaften in der Regel aus, um sich aushalten zu lassen und ihrem Ziel, ein Glanz zu werden, näherzukommen. Über dieses Tauschgeschäft, Schönheit und möglicherweise Befriedigung körperlicher Begierden gegen finanzierten Luxus, gerät sie immer wieder in einen inneren Konflikt, denn gleichzeitig sehnt sich Doris nach Nähe und »wahre[r] Liebe« (S. 205). Sie möchte eigentlich beides, körperliche und emotionale Nähe. Während Doris sich verlieben kann und die Erfüllung ihrer körperlichen Begierde als Verliebtsein einreden kann, machen sich die meisten Männer, auf die sie trifft, keinerlei Gedanken über diese beiden Bedürfnisse. Sie sind weniger an der wahren als vielmehr an der ›Ware Liebe‹ interessiert.

Der Traummann: Alexander

Doris wird wenig später die Geliebte Alexanders. Der steinreiche und in ihren Augen uralte Fabrikant scheint der Mann ihrer Träume zu sein. Sie hat ihr erstes Ziel erreicht. Zwar ist sie noch kein Glanz, aber dank Alexander kann sie ihren Traum von einem Luxusleben realisieren und sich viele Dinge leisten, die ihr im zweiten Schritt den Aufstieg zum Star sicherstellen sollen (S. 122). Sie hat sogar Hoffnung, dass Alexander ihr dabei behilflich sein wird, dass sie sich ihren zweiten Traum erfüllen kann, erfolgreich »beim Film« (S. 123) zu werden. Während einer von Alexander bezahlten Taxifahrt durch Berlin träumt sich Doris in die Rolle eines Filmstars hinein (S. 127).

Luxusleben

Alexander gewährt ihr diesen kostspieligen Lebensstil unter anderem, weil Doris bereit ist, seinen Kindheitsschilderungen zuzuhören. Sie erfährt, dass sie seiner Jugendliebe gleicht (S. 122). Er gefällt sich außerdem darin, eine so junge und schöne Geliebte zu haben, für die seine Bekannten ihn bewundern (S. 124). Überdies sehnt er sich danach, gemocht zu werden, was Doris so rührt, dass sie »ihn wirklich ein bißchen lieb« (S. 123) hat.

Allerdings ahnt Doris trotz aller Begeisterung für dieses sorgenfreie Luxusleben, dass es doch nicht ganz ihren Vorstellungen entspricht. Diese Unzufriedenheit wird durch ihren Wunsch deutlich: »Ich möchte gern furchtbar glücklich sein.« (S. 127)

Doris' Engagement als »Puppe« (S. 122) und Zuhörerin (S. 123) endet abrupt mit der Rückkehr der Ehefrau Alexanders. Nach dem Rauswurf macht Doris sich Gedanken über ihre aktuelle Situation. Sie fühlt sich nicht nur einsam, sondern auch hilflos. Sie fasst ihre Empfindungen in dem Satz zusammen: »Ich bin das alles so satt.« (S. 131) Schließlich formuliert sie eine weitere Einsicht: »Die ganze Last kommt von den blödsinnigen Kerlen. Andererseits braucht man sie ja wieder.« (S. 132) Da ihr die beiden Alternativen, es erneut beim Film zu versuchen oder Bardame zu werden, nicht zusagen (S. 132 f.), greift sie auf die bekannte Strategie zurück und sucht sich erst einmal einen neuen Versorger.

Sie ist bemüht, sich gegen die zunehmende Vereinsamung zu schützen, indem sie zu dem Redakteur Lippi Wiesel zieht, einem Mann, den sie eigentlich gar nicht so sehr mag, der ihr aber ein bisschen menschliche Wärme spenden könnte. Allerdings begreift Doris allmählich, dass sie auf diese Art und Weise ihr individuelles Glück nicht finden wird: »Was mache ich wohl falsch mit meinem Leben?« (S. 135) Nicht zum ersten Mal wünscht sie sich einen Mann als Partner, der ihr sagt: »Doris, höre auf mich; was ich sage, ist richtig.« (S. 136) Es wird sich herausstellen, dass Lippi Wiesel dieser Mann nicht ist.

■ Lippi Wiesel

Nach dem Scheitern ihrer Beziehung zu dem Redakteur verfällt Doris in depressive Überlegungen und weiß nicht, wie es weitergehen soll: »ich will nicht mehr, ich mag nicht mehr. [...] Ich will – ich will – was?« (S. 143) Sie muss sich sogar gefallen lassen, als Prostituierte angesprochen zu werden (S. 144). Ihr fällt auf, dass sie von ihrem Plan, ein Glanz zu werden, weiter entfernt ist als je zuvor. Aber das Problem der drohenden Prostitution beschäftigt sie weiter. Sie entdeckt, dass sie sich ähnlich wie die Prostituierten bewegt: »[...] in mir war eine Maschinenart, die genau ihr Gehen und Stehenbleiben machte« (S. 145). Da sie weder über Geld noch über ein Dach über dem Kopf verfügt, verbringt sie die Nacht in einem wartenden Taxi.

■ Am Tiefpunkt

Obwohl Doris nun ›ganz unten‹ angekommen ist, lehnt sie das durchaus ernstgemeinte Angebot eines freundlichen jungen Mannes ab, der ihr anbietet, seinen Haushalt zu führen (S. 149). Da er sie sympathisch findet, will er verhindern, dass sie sich weiter Illusionen macht und eventuell auf dem »Strich« (S. 149) landet. Sie sieht zwar ein, dass ihre Pläne gescheitert sind, sie glaubt jedoch immer noch fest daran, dass sie wieder aufsteigen kann. Deshalb will Doris sich nur ein einziges Mal an einen Mann verkaufen, um sich mit dem verdienten Geld eine neue materielle Basis verschaffen zu können (S. 153).

Wahre Liebe: Herr Ernst

Durch Herrn Ernst will sie sich zunächst dieses Geld verdienen. Doch es kommt völlig anders, auch wenn es zunächst nicht danach aussieht. Der Beginn der Beziehung der beiden steht unter keinem guten Stern. Herr Ernst ist gebildet, höflich, rücksichtsvoll und fürsorglich, ohne dafür eine Gegenleistung von Doris zu erwarten. Solche Eigenschaften kennt Doris von den anderen ihr bekannten Männern nicht, deshalb ekelt sie sich zunächst vor ihm (S. 158 f., 164). Als Herr Ernst keinen Körperkontakt zu ihr sucht, forscht sie bei sich selbst nach Gründen, warum Herr Ernst sich so anders als erwartet verhält, und macht ihr Aussehen dafür verantwortlich. Doris unternimmt zunächst keinen Versuch, ihn zu erobern. Sie setzt, ihrem üblichen Verhaltensmuster entsprechend, alles daran, dass er die Initiative für einen Annäherungsversuch ergreift. Er ist jedoch zurückhaltend, wenn nicht gar schüchtern. Es reicht ihm, dass sie ihm Gesellschaft leistet und er sich nicht allein in der Wohnung aufhalten muss (S. 162).

Nach einigen Wochen nähern sie sich ganz allmählich an. Doris fasst Vertrauen zu ihm und will sich ihm gegenüber öffnen. Dazu überlässt sie ihm ihr ›Drehbuch‹, damit er sich ein angemessenes Bild von ihr machen kann: »Ich will gar keine Unschuldige sein, ich will richtig als Doris hier sein und nicht als so alberne zivilisierte Einbildung vom grünen Moos« (S. 175 f.), wie Doris Herrn Ernst bezeichnet. Allerdings kommen Doris erste Zweifel, ob diese neue Verbindung wirklich zustande kommt. Zum einen weisen die beiden Partner große Meinungsunterschiede in der Beurteilung von Arbeit auf. Während Herr Ernst dafür plädiert, sich um die Voraussetzungen für die Beschaffung einer Arbeitserlaubnis zu kümmern, lehnt Doris es kategorisch ab, eine berufliche Tätigkeit aufzunehmen. Ihre Erfahrungen haben sie zu der Erkenntnis geführt, dass ihr niedriges Bildungsniveau und geringes Sachwissen (S. 181) es ihr unmöglich machen, einen entsprechend gut bezahlten Beruf auszuüben, um am normalen Leben teilzunehmen: »Und will auch ein bißchen nette Kleider, weil man ja sonst noch mehr ein Garnichts ist. Und will auch mal ein Kaffee mit Musik und ein vornehmes Pfirsich Melba in hocheleganten Bechern« (S. 182). Um sich diese Wünsche erfüllen zu können, so viel weiß sie aus ihren bisherigen Erfahrungen, braucht sie wiederum einen Mann, oder sie muss sich prostituieren (S. 182), was sie ihrer Meinung nach bisher erfolgreich vermieden hat.

Bildungsunterschied

Deutliche Unterschiede zwischen den beiden zeigen sich auch in der Frage des Diebstahls des Pelzmantels. Seine Frage: »Aber Sie wollen doch keine Diebin sein, Doris?« (S. 198) empört Doris; sie fühlt sich missverstanden. In ihren Augen herablassend nennt er sie wie viele andere Männer vor ihm: »Dumme Kleine« (S. 198), doch sie spürt, dass der geradlinige Herr Ernst eigentlich Mitleid hat. In der Begegnung mit diesem Mann empfindet Doris zum ersten Mal wieder schmerzhaft ihre mangelnde Bildung (»Vater unser, mach mir noch mit einem Wunder eine feine Bildung – das übrige kann ich ja selbst machen mit Schminke«, S. 202 f.). Das zeigt sich etwa auf dem Gebiet der Musik: Herr Ernst hört Tschaikowsky und Schubert, während Doris nur ein paar Volkslieder und Schlager (»nur so Lieder«, S. 201) kennt.

Gleichwohl wächst ihre Zuneigung zu Herrn Ernst (S. 195) und entwickelt sich mit fortschreitender Dauer zu einer »wahre[n] Liebe« (S. 205). Trotz der vielen Interessengegensätze kommt es schließlich doch dazu, dass sie eine Nacht zusammen verbringen. Danach stellt Doris fest, dass es auf die Körperlichkeit gar nicht so sehr ankommt, diese aber »auf schöne Art mit dazu« (S. 207) gehören kann.

Auch dieses Mal platzen ihre Hoffnungen, in Herrn Ernst den Mann fürs Leben gefunden zu haben. Doris verlässt ihn; sie muss einsehen, dass sie seine Frau nicht ersetzen kann, weil er nur Hanne lieben kann (S. 209). Aus **Liebe** zu ihm geht Doris zu Hanne und bittet sie, zu ihrem Mann zurückzukehren. Doris begründet ihren Schritt so: »Konnte ich ihm mich nicht

Doris verlässt Herrn Ernst

zu Liebe tun, mußte ich ihm eben eine andre zu Liebe tun.« (S. 209) Sie ist erneut gescheitert, wohnungslos und einsam und muss ihre Vorstellungen von den Männern und ihre Vorsätze zum Umgang mit ihnen wieder einmal neu überdenken.

Die meisten Männer, mit denen sie verkehrt, bieten ihr bis zu einem gewissen Grade die Chance zu überleben und teilweise auch Anerkennung. Ihre Sehnsucht, von ihnen wirklich geliebt zu werden, können sie aber nicht erfüllen. Ihr Schicksal, das sie mit vielen anderen jungen Frauen zu dieser Zeit teilt, ist es, nach Unabhängigkeit zu streben und gleichzeitig von Männern abhängig zu sein, die nach wie vor von einem Frauenbild ausgehen, das bis etwa 1900 galt.

Die Doppelmoral der Gesellschaft

Anfang der 1930er Jahre wurde immer deutlicher, dass die Männer die Emanzipation der Neuen Frau mit großem Argwohn betrachteten. In den Fällen, in denen die Frauen traditionelle Männerrechte für sich beanspruchten, begannen die Männer eine Doppelmoral auszubilden, in der sie die Verhaltensweisen der beiden Geschlechter nach zweierlei Maßstäben beurteilten.

Doris' Arbeitgeber

Doris' Arbeitgeber ist einer dieser Männer, der für Frau und Mann verschiedene Grundsätze gelten lässt. Er ist der Überzeugung, dass Doris ihn nicht nur anhimmeln, sondern sich ihm auch hingeben müsse. Als sie sich seinem Übergriff widersetzt und damit ihre Selbständigkeit und Unabhängigkeit verteidigt beziehungsweise auf ihr sexuelles Selbstbestimmungsrecht pocht, reagiert er unwirsch (S. 25 f.). Als Mann glaubt er, dass er sie bedrängen darf, weil sie mit ihm flirtet, um seinem Selbstverständnis als ›Versorger‹ zu schmeicheln.

Brenner

Hubert

Besonders Hubert besitzt eine Doppelmoral. Er wirft ihr ihre sexuelle Freizügigkeit vor und rät ihr, »ein anständiges Mädchen« (S. 21) zu werden, weil die Männer sich eine »unberührte Frau« wünschen. Dabei hat er selbst Doris' Bereitschaft für ein voreheliches Verhältnis ausgenutzt. Nach seiner Meinung darf ein Mann vor der Ehe sexuelle Beziehungen zu einer Frau eingehen, eine Frau muss sich dagegen ihre Hingabe bis zur Eheschließung aufsparen.

Der Schriftsteller

Doris lernt nach ihrer Ankunft in Berlin als Erstes den alternden Schriftsteller kennen. Er hat seine Frau in Urlaub geschickt, um ›Studien‹ an Frauen durchzuführen. Für ihn gelten die alten moralischen Normen: »Männer dürfen und Frauen dürfen nicht.« (S. 79) Er ekelt sich vor der »Unmoral« (S. 79) der neuen Zeit, will aber trotzdem seine Frau mit der viel jüngeren Doris betrügen.

Der Aktionär

Als der Aktionär Doris als Geliebte für sich gewinnen will, lockt er sie damit, dass er eine Wohnung für sie anmieten und sie finanziell unterstützen will. Doris vergleicht dabei die herrschenden gesellschaftlichen Ansichten über die Motive der Frauen, sich einem Mann hinzugeben:

> »Wenn eine junge Frau mit Geld einen alten Mann heiratet wegen Geld und nichts sonst [...], dann ist sie eine deutsche Mutter von Kindern und eine anständige Frau. Wenn eine junge Frau ohne Geld mit einem Mann schläft ohne Geld, weil er glatte Haut hat und ihr gefällt, dann ist sie eine Hure und ein Schwein.« (S. 85)

Doris weist auf die unterschiedlichen Maßstäbe hin, die dafür verantwortlich sind, dass eine reiche Frau durchaus des Geldes wegen heiraten darf, auch wenn sie ihren Ehemann nicht liebt. Eine arme Frau dagegen verliert sogar ihren Ruf, wenn sie sich mit einem Mann einlässt, der ihr gefällt und von dem sie kein Geld erhält. Der Aktionär wirft ihr später vor, eine »Dirne« (S. 87) zu sein, weil sie mit einem Mann aus seinem Bekanntenkreis geschlafen hat, für den sie Gefühle empfunden hat.

Der »Schöne«

Von dem früheren Freund des Aktionärs fühlt sich Doris körperlich so sehr angezogen, dass sie mit ihm nach Hause geht, wo sie sich lieben. Doris lebt ihre Sexualität aus und bekennt sich zu ihrer Freizügigkeit (S. 87). Die wirkliche Liebe ist für sie noch viel mehr, sie fragt sich jedoch, ob es sie überhaupt gibt.

Die Hauptfigur geht in der Frage der Sexualität davon aus, dass die Geschlechter gleichberechtigt sind. Wenn Männer das Recht besitzen, sich eine oder mehrere Sexualpartnerinnen frei auszusuchen, dann steht auch der Frau das Recht zu, ihre Sexualität mit unterschiedlichen Männern auszuleben: »Und es ist auch keine Schweinerei, weil man ja gleiche Gefühle hatte, und jeder will dasselbe vom andern.« (S. 99) In der Beziehung zum Kriegsinvaliden Brenner hat Doris das wunderbare Gefühl, gebraucht zu werden. Es geht ihr vor allem darum, für ihn da zu sein und ihm eine Freude zu bereiten (S. 99).

Leitmotive

Glanz

Zwei Leitmotive ziehen sich durch den Roman Irmgard Keuns: Doris' Absicht, ein »Glanz« (S. 45) zu werden, und ein Kleidungsstück, das zu einer zweiten Haut für sie wird: der Pelz, das »Feh« (S. 61).

Doris ist in ärmeren Verhältnissen groß geworden und verliert als junge Frau ihre Arbeit, die sie ohnehin nicht mag. Sie schaut sich häufig Filme in den Kinos an, um sich von ihrem eintönigen und tristen Alltag abzulenken. Das Leben der Filmstars und die in den Filmen behandelten Themen ermuntern sie, selbst ein Glanz werden zu wollen, »der oben ist« (S. 45). Sie glaubt an die Versprechungen der Filme und hofft den gleichen gesellschaftlichen Status wie Schauspielerinnen im Film erreichen zu können. Sie ist sich sicher, dass es für sie die Möglichkeiten gibt, ein Luxusleben führen zu können, im Rampenlicht der Öffentlichkeit zu stehen und ein Vorbild für die anderen zu sein. Doris trachtet danach, den Lebenshunger zu stillen, den die Unterhaltungsindustrie und die Amüsierbetriebe durch ihre Angebote in ihr geweckt haben.

Bei dem Wort Glanz denkt Doris zunächst an das Aussehen von modernen Kleidungsstücken, die aus künstlich erzeugter Seide hergestellt werden. Sie ähneln den Kleidungsgegenständen aus echter Seide im Aussehen und in den Trageeigenschaften. Mit dem Erwerb dieser glänzenden Textilien verbindet sie nicht nur Vorstellungen von dem sie umgebenden Glanz, sondern auch starke Glücksgefühle. Diese Zusammenhänge haben die Autorin veranlasst, ihrem Roman den Titel *Das kunstseidene Mädchen* zu geben.

Diese Erwerbungen sollen nach ihrer Auffassung dazu beitragen, dass sie in den Augen der Gesellschaft einen »Glanz« (S. 45) darstellt, den andere Frauen bewundern können und nachahmen wollen. Für Doris spielt die Welt des Glanzes, des schönen Scheins eine größere Rolle als die reale Welt, die ihr Leben bestimmt.

Es ist erstaunlich, dass Doris im Verlauf des Romans weiter ihren filmischen Vorbildern (unter anderem Marlene Dietrich, Colleen Moore und Lilian Harvey) nacheifert. Sie weiß genau, dass es eher unwahrscheinlich ist, dass sie jemals ihre Wunschvorstellung verwirklichen kann, ein Filmstar zu werden. Nach ihrem Besuch bei Tilli Scherer gesteht sie: »Ich habe auch schon Film versucht, aber das bietet wenig Aussicht.« (S. 78)

■ Filmstars

Nicht nur Doris und Tilli wollen ein Glanz werden (S. 78), auch andere junge Frauen verfolgen dieses Ziel (S. 81). Die hohe Wertschätzung, die der Glanz bei den Frauen genießt, ist darauf zurückzuführen, dass er ihnen die Chance verspricht, ihre Individualität entfalten zu dürfen (S. 45, 126 f.). Des Weiteren glaubt Doris daran, dass es ihr möglich sein wird, als Glanz etwas Höheres darzustellen und die Versprechungen der Filme auf ihr eigenes Leben übertragen zu können.

Doris übersieht in ihren Vorstellungen vom gesellschaftlichen Aufstieg zum Star, dass die von ihr bisher angenommene Identität von Glanz und individuellem Glück nicht zutrifft. Sie verschließt sich der Einsicht, dass weniger häufig Glanz, dafür aber umso mehr Elend anzutreffen sind und sich auch ihre Träume und Sehnsüchte am Ende als reine Illusion herausstellen werden (S. 218 f.).

Das Feh

Noch bevor die Protagonistin zu ihrem Eichhörnchen-Pelz gelangt, wird die enge Verbundenheit von Doris mit dem Eichhörnchen schon angedeutet, indem Hubert sie mit diesem Kosenamen versieht (S. 17). Die besondere Bedeutung dieses Kleidungsstücks wird durch Doris' Aussage deutlich, dass sie das Feh nie wieder hergeben wird (S. 61 f.), d. h., dass sie mit ihm auch einen neuen Lebensabschnitt beginnt.

Beim Anblick des »süße[n], weiche[n] Pelz[es]« (S. 61) spürt sie, dass zwischen ihr und dem Pelz eine enge Verbundenheit entstanden ist. Sie ahnt, dass er ihr »Trost« (S. 61) und »Sicherheit« bieten wird, und empfindet ihn deshalb als Wiedergutmachung für die erlittenen psychischen Verletzungen (S. 92), die materiellen Verluste und die zahlreichen gesellschaftlichen

Demütigungen. Sie wird sich deshalb nie mehr von ihm trennen (S. 61 f.). Der »reinseiden[e]« (S. 62), mit »Futter aus Crêpe marocain« ausgestattete Pelz ist für ihre »Haut wie ein Magnet«. Die Attraktivität des Fehs ist sogar so groß, dass Hubert schon nicht mehr so im Mittelpunkt steht. Die Keun-Expertin Ariane Martin geht sogar so weit, den Pelz als Ersatz für den Liebhaber zu sehen:

> »Wenn es im Roman eine glückliche Liebesbeziehung gibt, dann ist es diejenige von Doris zu dem gestohlenen Mantel, in den sie sich einhüllt und in dem sie sich geschützt fühlt, zugleich aber der Welt signalisieren will, sie selbst sei das, was der Pelz repräsentiert.«[5]

Funktion des Fehs

Der Pelzmantel übernimmt zunächst eine schützende Funktion, indem er ihr Wärme spendet und sich als zweite Haut an ihren Oberkörper anschmiegt. Er vermittelt darüber hinaus ein äußerst angenehmes Gefühl bei der Berührung mit den Fingerspitzen.

Das Feh zeigt in mehrfacher Hinsicht Wirkung (S. 67). Er wertet Doris' Aussehen und Körper auf, was es ihr leichter macht, nicht nur hochelegant auszusehen, sondern auch ihre Ziele zu realisieren. Sie

5 Ariane Martin, »Kultur der Oberfläche, Glanz der Moderne. Irmgard Keuns Roman *Das kunstseidene Mädchen* (1932)«, in: *Deutschsprachige Romane der klassischen Moderne*, hrsg. von Matthias Luserke-Jaqui, Berlin / New York 2008, S. 349–367, hier S. 360.

fasst seine Wirkung so zusammen: »Der ist wie ein seltener Mann, der mich schön macht durch Liebe zu mir.« (S. 64) Zufrieden stellt sie dann fest: »Der Mantel will mich, und ich will ihn, wir haben uns.« (S. 64)

Zum anderen hilft der Pelz ihr dabei, ihren gesellschaftlichen Status zu bestimmen und zu wahren. Er trägt wesentlich zur Steigerung des Ansehens und ihres Selbstwertgefühls bei. Zugleich signalisiert er den Mitmenschen, dass die Trägerin über einen gewissen Reichtum verfügt. Ferner soll er Doris helfen, Kontakte zu Menschen zu knüpfen, die ihr bei der Erfüllung ihrer Sehnsüchte behilflich sein können (S. 81). Schließlich trägt seine Eleganz auch dazu bei, die Einzigartigkeit Doris' herauszustellen.

Erst als sie bei Herrn Ernst Liebe und Geborgenheit findet, ist sie schweren Herzens bereit, das Feh wieder an seine ursprüngliche Besitzerin zurückzugeben (S. 195). Allerdings will sie den Pelzmantel nur dann wirklich »vergessen«, wenn auch Herr Ernst »die Frau in sich« (S. 195), seine Frau Hanne, vergisst. Als die Beziehung zu Herrn Ernst zerbricht, weil er nicht aufhört, seine Frau zu lieben, gibt auch Doris den Pelz nicht zurück, mit dem sie wie mit einem Partner viel gute und schlechte Zeiten verbracht hat, den sie liebt, »so genau wie der Ernst seine Frau liebt« (S. 195), und der sie wenigstens nicht verlässt.

Großstadtimpressionen

Doris wird schon während der Ankunft von ihren Großstadtimpressionen überwältigt. Die vielen Lichtreklamen und die große Mobilität, die die Stadt prägt (S. 67), beeindrucken sie. Die U-Bahn ist neu für sie, genau wie die Doppeldecker-Busse und das große Straßennetz. Daraus ergibt sich ihr erster Gesamteindruck: »Es ist eine fabelhafte Stadt.« (S. 68) Doris entwickelt so schnell das Gefühl, zu den Berlinern zu gehören (S. 72). Allerdings bedauert sie, dass in der Stadt keine heimatlichen Gefühle aufkommen, denn sie sei sehr »verschlossen« (S. 88). Der Vergleich zwischen ihrem Herkunftsort und Berlin fällt eindeutig zugunsten Berlins aus: »Mein Leben ist Berlin, und ich bin Berlin.« (S. 92) Die Spaziergänge durch Berlin wecken positive Gefühle in ihr (S. 93). Doris genießt fernab ihrer Mutter ihre neugewonnene Freiheit und gibt sich zuversichtlich, hier ihre Selbstverwirklichung realisieren zu können.

■ Berlin

Die Protagonistin nimmt jedoch nicht nur das pulsierende Leben in der Stadt, sondern auch die vielen Schattenseiten wahr, die ebenfalls zu dieser Stadt gehören (S. 101). Während des Stadtrundgangs mit Brenner kommt es zur ersten Desillusionierung Doris'. Sie muss zur Kenntnis nehmen, dass Berlin vielen Menschen »kein[en] Glanz« (S. 116) bietet. Hinzu kommt ihre Wahrnehmung, dass Menschen in der Stadt vereinsamen können (S. 117). Trotz einiger vorübergehender Erfolge wird Doris immer klarer, dass sie ihr Ziel wohl nicht erreichen wird. Sie gibt jedoch die Hoffnung nicht auf und bemüht sich weiterhin um den sozialen Aufstieg, der immer mehr zu einem sozialen Abstieg zu werden droht (S. 143). Am Ende bleibt sie in Berlin, denn die Provinz hat sie enttäuscht, so dass sie dorthin auf keinen Fall zurückwill: »ich will nicht mehr, was ich mal hatte, weil es nicht gut war« (S. 218).

7. Autorin und Zeit

Leben und Werk

Irmgard Keun wird am 6. Februar 1905 als Tochter eines Importkaufmanns und seiner Ehefrau in Berlin geboren. Ab 1911 besucht sie die Ceciliengrundschule in Charlottenburg. Nach einem Umzug nach Köln setzt sie den Schulbesuch am privaten Evangelischen Lyzeum Teschner, einer neusprachlich orientierten höheren Töchterschule, fort, den sie mit dem Erwerb der Mittleren Reife 1921 abschließt. Der Schulwechsel ist mit einigen Problemen verbunden, da sie den Kölschen Regiolekt nicht beherrscht und dadurch keinen Kontakt zu den anderen Kindern findet. Über die Zeit nach dem Schulabschluss 1921 und dem Beginn der Ausbildung an der Schauspielschule der Vereinigten Stadttheater 1925 in Köln existieren keine zuverlässigen Informationen. 1927 schließt sie die Schauspielschule ab.

■ Schulbesuch und Ausbildung

Es folgen zahlreiche Engagements an verschiedenen Theatern. 1929 bricht sie ihre Tätigkeit als Schauspielerin ab und beginnt ihre Karriere als Schriftstellerin. Innerhalb weniger Monate veröffentlicht Irmgard Keun zwei Romane, die ihre Bekanntheit und ihren Erfolg begründen, den sie in ihren späteren Schaffensphasen nach 1933 nie mehr erreichen sollte. 1931 erschien ihr Debütroman *Gilgi, eine von uns* und 1932 folgte *Das kunstseidene Mädchen*. Bereits ihr erster Roman weist die wesentlichen Inhalte und die Grundzüge ihres Erzählstils auf.

■ Von der Schauspielerin zur Schriftstellerin

Gilgi, eine von uns

Die Hauptfigur, die sich Gilgi nennt, aber eigentlich Gisela heißt, ist zu Beginn der Handlung des Romans 20 Jahre alt. Innerhalb etwa eines halben Jahres (vom Frühherbst 1930 bis zum Frühling 1931) lässt die Autorin ihre Leserschaft am Leben der Protagonistin teilnehmen. Gilgi wächst in kleinbürgerlichen Verhältnissen bei ihren Adoptiveltern Kron auf. Erst an ihrem 21. Geburtstag eröffnen sie ihr diese Tatsache. Die eigenwillige und nach Unabhängigkeit strebende junge Frau ist beruflich als Stenotypistin sehr ehrgeizig. Sie hofft durch das Erlernen von Fremdsprachen weiter aufsteigen und die einfachen Verhältnisse, aus denen sie kommt, hinter sich lassen zu können. Sie verfolgt diesen Plan mit Selbstdisziplin und Zielstrebigkeit.

So sehr sie sich bisher bemüht hat, ihr eigenes Leben zu führen (»Sie hält es fest in der Hand, ihr kleines Leben, das Mädchen Gilgi«, so beginnt der Roman[6]), kommt es zu einer entscheidenden Veränderung in ihrem Leben. Sie verliebt sich in den 22 Jahre älteren Lebenskünstler Martin Bruck. Gilgi verlässt das Elternhaus und zieht zu ihm. Die beiden verbringen leidenschaftlich die nächsten Monate miteinander. Die Protagonistin bemerkt die unüberbrückbaren charakterlichen Gegensätze zwischen ihnen. Während sie sich für die Erfüllung in die Arbeit stürzt,

6 Irmgard Keun, *Gilgi, eine von uns*, in: Irmgard Keun, *Das Werk*, hrsg. von Heinrich Detering und Beate Kennedy, Bd. 1: *Texte aus der Weimarer Republik. 1931–1933*, Göttingen [3]2018, S. 37.

Abb. 7: Irmgard Keun, um 1932. – © ullstein bild Dtl. / Getty Images

vermeidet er jegliche Anstrengung. Zudem vermag sie keinen Einfluss auf Martins Lebensweise zu gewinnen, der weiterhin leichtsinnig das Geld zum Fenster hinauswirft. Statt des gesellschaftlichen Aufstiegs führt der Weg der beiden immer weiter bergab. Gilgi wird schließlich arbeitslos und muss von der Fürsorge leben. Ihre Schwangerschaft verschweigt sie Martin. Gilgi glaubt fest daran, sich durch ihre eigene Kraft und ihre Fähigkeiten selbst über Wasser halten zu können. Nun kommt es zu einer weiteren entscheidenden Veränderung in ihrem Lebensentwurf. Sie verlässt den Vater ihres Kindes und zieht zu ihrer Freundin nach Berlin. Grundlagen dieser Emanzipation sind ihr Leistungswille, ihre Durchsetzungskraft sowie ihre Leidensbereitschaft. Da Gilgi über Erfahrungen mit den Männern verfügt und deren Begehren kennt, gelingt es ihr, Fähigkeiten zu entwickeln, die in ihr Bild von der Neuen Frau passen. Sie lernt die gesellschaftlichen Mechanismen zu durschauen und für ihren Überlebenskampf zu nutzen.

Keuns Erstlingsroman zeigt, wie die reale Welt maßgeblich in das Leben der Protagonisten eingreift. Dies gilt insbesondere für Gilgis Mentalität, die vor allem durch die Medien, den Konsum und Kommerz geprägt wird. Auch die Verhaltensweisen der Hauptfigur werden durch diese Aspekte nachhaltig bestimmt.

Erfolg und Rezeption des Romans

Der Erfolg des Debütromans war unter anderem auf den provozierenden Sprachstil zurückzuführen. Die Autorin schrieb überwiegend in der Umgangssprache ihrer Protagonistin, verwendet den kölschen Regiolekt, Satzellipsen und bildliche Assoziationsketten.

Der Roman erreichte eine für die damalige Zeit ungewöhnliche Startauflage (30.000 Exemplare) und wurde nahezu begeistert aufgenommen. Dieser Erfolg und dieses Echo führten dazu, dass Keuns Roman noch 1932 verfilmt und kurz nach dem Erscheinen ihres zweiten Romans in den Kinos gezeigt wurde. Der Film dürfte wesentlich zu dem Erfolg Irmgard Keuns beigetragen haben, die Neugier auf die beiden Romane gesteigert und das Interesse an ihnen befördert haben.

Beide Romane werden unmittelbar nach ihrem Erscheinen zu Bestsellern.

Nach der Machtübergabe am 30. Januar 1933 an die Nationalsozialisten werden auch Keuns Bücher am 10. Mai verbrannt. *Gilgi* gilt nun als »Asphaltliteratur«[7]. »Asphaltliteratur« war ein von den Nationalsozialisten seit der Bücherverbrennung häufig gebrauchter politischer Kampfbegriff, mit dem sie vor allem die Kunst, die sich mit der Darstellung der Großstadt beschäftigte, abfällig beurteilten. Sie forderten, Heimat und Brauchtum in der Kunst in den Mittelpunkt zu stellen und zum Ausdruck zu bringen. *Das kunstseidene Mädchen* wird ebenfalls beschlagnahmt und vernichtet. Keun publiziert in den nächsten Jahren ohne Genehmigung Feuilletons und Essays in deutschen Zeitungen und Zeitschriften. 1935 ordnet die Reichsschrifttumskammer an, dass die beiden Romane auf die Liste des sogenannten schädlichen und unerwünschten Schrifttums zu setzen sind. Die Nationalsozialisten verweigern der Autorin die Aufnahme in die Reichsschrifttumskammer, was einem Publikationsverbot gleichkommt.

■ Nationalsozialismus

Im Mai 1936 geht Irmgard Keun zunächst ins belgische Exil nach Ostende, das sie über die Niederlande und Frankreich in die USA führt. Sie kehrt nach kurzer Zeit nach Europa zurück. Sie lernt schließlich Jo-

■ Exil

7 Ursula Krechel, »Anstiftung zur Kühnheit«, in: Irmgard Keun, *Das Werk*, hrsg. von Heinrich Detering und Beate Kennedy, Bd. 1: *Texte aus der Weimarer Republik. 1931–1933*, Göttingen [3]2018, S. 27.

seph Roth kennen, mit dem sie eine zweijährige Liebesbeziehung unterhält. Roth ist zu diesem Zeitpunkt schon alkoholkrank, so dass die Beziehung ständig unter seiner Sucht leidet. Im Exil verfasst sie *Das Mädchen, mit dem die Kinder nicht verkehren durften*; *Nach Mitternacht*; *D-Zug dritter Klasse* und *Kinder aller Länder*, die sich jedoch allesamt schlecht verkaufen lassen. Sie kehrt schließlich 1940 unerkannt nach Deutschland zurück, nachdem sich das Gerücht verbreitet hat, dass sie Selbstmord begangen habe, und überlebt unerkannt den Nationalsozialismus.

■ Der Neuanfang

Nach dem Ende des Nationalsozialismus versucht Keun sich als Journalistin mit kleineren Beiträgen für die Zeitungen und den Rundfunk, ohne jedoch an ihre Erfolge vor 1933 anknüpfen zu können. Auch ihrem letzten Roman *Ferdinand, der Mann mit dem freundlichen Herzen* (1950) ist kein Erfolg beschieden. 1951 wird ihre Tochter Martina geboren. Es mehren sich erste Hinweise, die auf eine Alkoholerkrankung Irmgard Keuns hindeuten. Zum Ende ihrer literarischen Tätigkeit gelingt es ihr, zahlreiche Erzählungen und Satiren zu verfassen.

■ Jahre der Krankheit

Seit Anfang 1960 nehmen ihre Alkoholprobleme immer mehr zu, die sie schließlich zu einem sechsjährigen Entzugsaufenthalt in einer Fachklinik zwingen. In dieser Zeit wird es sehr still um Irmgard Keun. Ab 1972, nachdem sie die Klinik verlassen konnte, führt sie ein zurückgezogenes Leben in Köln.

Das ändert sich am Ende der 1970er Jahre. Zunächst

■ Die Wiederentdeckung

entdeckt die feministische Literaturwissenschaft die Aktualität ihrer beiden Romane, dann gibt der Claassen-Verlag 1979 ihre Bücher wieder neu heraus. Zwei Jahre vor ihrem Tod wird Irmgard Keun mit dem Marieluise-Fleißer-Preis ausgezeichnet.[8] Irmgard Keun stirbt am 5. Mai 1982 in Köln an Lungenkrebs. Ihre letzte Ruhestätte findet sie auf dem Melaten-Friedhof.

Neue Sachlichkeit

Der Roman *Das kunstseidene Mädchen* wird in der Literaturgeschichte der Epoche der *Neuen Sachlichkeit* zugeordnet. Diese Epoche umfasst den Zeitraum vom Beginn der Weimarer Republik (1919) bis zur Machtübertragung an die Nationalsozialisten (1933).

■ Herkunft der Bezeichnung

Der Begriff *Neue Sachlichkeit* geht auf die gleichnamige Ausstellung aus dem Jahre 1925 zurück, die der Kunsthistoriker Gustav Friedrich Hartlaub in Mannheim organisiert hatte. Die ausstellenden Künstler präsentierten ihre auf einem anderen Verständnis der Realität beruhenden Gegenentwürfe zum Expressionismus, der die Wirklichkeit durch extreme Subjektivität darstellte.

8 Marieluise Fleißer war eine deutsche Schriftstellerin und Zeitgenossin Irmgard Keuns. Fleißer, die die meiste Zeit ihres Lebens in Ingolstadt verbracht hat, wird wie Keun der Neuen Sachlichkeit zugerechnet. Im Gegensatz zu Irmgard Keun hat sie auch nach dem Zweiten Weltkrieg literarische Erfolge erzielt.

Merkmale

Nunmehr sollte stattdessen die nüchterne, präzise und gegenstandsgetreue Darstellung die Realität widerspiegeln. Der neue Stil der Autorinnen und Autoren sollte sich insbesondere um eine Schreibweise bemühen, die Nüchternheit und Alltagsnähe aufwies. Um an die Interessen und die veränderten Erwartungen der Leserinnen und Leser anzuknüpfen, griffen sie aktuelle Themen der Gegenwart auf. Die beherrschenden Themen waren die Folgen der Weltwirtschaftskrise, die positiven und negativen Folgen der neuen Gesetzgebung für das Selbstverständnis der Frauen sowie deren Lebensentwürfe, die Arbeits- und Lebensverhältnisse der neuen Gesellschaftsschicht der Angestellten, die Folgen des massenhaften Zuzugs in die Großstädte, die politischen und gesellschaftlichen Missstände und die Auseinandersetzung der Menschen mit den sie beherrschenden Problemen. Diese Themen wurden in der Lyrik, im Drama und insbesondere in der Epik behandelt. Die Form des Romans war nach Ansicht der Repräsentanten dieser Epoche dazu besonders geeignet, denn hier konnten Schriftstellerinnen und Schriftsteller am ehesten das Mittel der dokumentarischen Reportage und der authentischen Darstellung der Sachverhalte nutzen. Im Mittelpunkt der Romane aus dieser Zeit stehen meist Einzelschicksale. Durch die Montage von kurzen Momentaufnahmen und Szenen werden die Probleme beleuchtet, so dass die Episoden oft an Filmaufnahmen erinnern. In der Regel wird ein kurzer Ausschnitt aus dem Leben der Hauptfigur kommentarlos geschildert, wobei sowohl die Innen- als auch die Außenperspektive gewählt wurden. Die Leser erhalten auf diese Weise die Möglichkeit, unmittelbar das Geschehen mitverfolgen und das Verhalten der Hauptpersonen selbständig interpretieren zu können.

Die wichtigsten Autorinnen und Autoren

Wichtige Vertreter der Neuen Sachlichkeit sind etwa Bertolt Brecht, Kurt Tucholsky, Erich Kästner und Ödön von Horváth. Eine Vielzahl von Autorinnen und noch mehr Autoren tummelten sich auf dem literarischen Markt am Ende der Weimarer Republik; sie schrieben zum Teil für das Massenpublikum. Die wenigsten konnten sich mit ihren Romanen einen bleibenden Erfolg sichern. Dazu gehören neben Irmgard Keun noch Marieluise Fleißer, Hans Fallada und Erich Kästner.

8. Rezeption

Die Rezeption von Irmgard Keuns Roman *Das kunstseidene Mädchen* lässt sich noch am besten an den ersten Rezensionen der Jahre 1932/33 dokumentieren. Nachdem die Nationalsozialisten ihre beiden frühen Werke 1933 verboten hatten, wurde es still um die Autorin. Nach ihrer Rückkehr aus dem Exil änderte sich nicht viel daran. Erst Mitte der 1970er Jahre des letzten Jahrhunderts erinnerte sich die Frauenbewegung an *Gilgi, eine von uns* und an *Das kunstseidene Mädchen.* Nach ihrem Tod 1982 ließ das Interesse wieder nach. 2017 erschien eine kommentierte Gesamtausgabe der Autorin. Inwieweit diese dazu beitragen kann, die Erinnerung an Irmgard Keuns Werke wachzuhalten, bleibt abzuwarten.

Zeitgenössische Reaktionen[9]

■ Kontroverse Rezensionen

Bereits die ersten Rezensionen nach dem Erscheinen des Romans setzten sich kontrovers mit dem Roman auseinander. Wurde einerseits das von Keun entworfene Charakter- und Menschenbild wegen der widersprüchlichen Denk- und Verhaltensweisen der Protagonistin kritisiert, so fand der Schreibstil Keuns in

9 Die folgende Darstellung orientiert sich an den Ausführungen in »Dokumentation der Erstrezeption in Deutschland (1931–1933)«, in: *Irmgard Keun 1905/2005. Deutungen und Dokumente*, hrsg. von Stefanie Arend und Ariane Martin, Bielefeld 2008, S. 71–84.

der Regel große Anerkennung. Man attestierte ihr ein großes Schreibtalent. Gleichzeitig kritisierten Rezensenten, dass sie nicht in der Lage sei, sich auf die Darstellung des Wesentlichen zu konzentrieren.

Größte Anerkennung zollten ihr dagegen ihre Schriftstellerkollegen. Einer von ihnen drückte mit der folgenden Formulierung seine Wertschätzung für die Zeitromane Irmgard Keuns aus: »Irmgard Keun sollte nicht nur als Dichterin, sollte auch als Frau und Mensch überall gelesen, überall verstanden werden.«[10]

Kurt Tucholsky[11] zeigte sich von ihrem Roman und ihrer Schreibweise begeistert. Er schrieb, dass Keun in »meisterhafter Steigerung«[12] den Alltag der Protagonistin darstelle. Durch »Scherz, Satire, Ironie«[13] gestalte sie »eine […] erschütternde […] Anklage gegen die Gesellschaft«. Er ging davon aus, dass das Buch ein Erfolg, dass *Das kunstseidene Mädchen* ein Begriff

10 Hanns Martin Elster, »Eine neue Dichterin: Irmgard Keun«, in: *Kasseler Neueste Nachrichten*, 12. Juni 1932. Wiederabgedruckt in: *Irmgard Keun 1905/2005. Deutungen und Dokumente*, hrsg. von Stefanie Arend und Ariane Martin, Bielefeld 2008, S. 75.

11 Kurt Tucholsky war ein bekannter Journalist und Schriftsteller, der vor allem Satiren, Liedtexte, Gedichte und Kritiken verfasste. In ihnen äußerte er oft linksdemokratische Ansichten.

12 Kurt Tucholsky, »*Das kunstseidene Mädchen*«, in: *Gewerkschafts-Archiv. Monatsschrift für Theorie und Praxis der gesamten Gewerkschaftsbewegung* 9 (1932), Bd. 17, Nr. 1, S. 37 f. Wiederabgedruckt in: *Irmgard Keun 1905/2005. Deutungen und Dokumente*, hrsg. von Stefanie Arend und Ariane Martin, Bielefeld 2008, S. 79.

13 Tucholsky (s. Anm. 12).

werden würde.[14] Neben Tucholsky gab es zahlreiche weitere Kritiker in Deutschland, die Keuns Roman in besonderer Weise lobten. Allerdings überwog die internationale Anerkennung bei weitem die positive Resonanz in ihrem Heimatland.

Konservative Kritik

Neben den insgesamt wohl eher wohlwollenden Kritiken gab es eine Reihe von negativen Besprechungen. Vor allem aus dem konservativen Lager kamen kritische Stimmen. Sie bezogen sich sowohl auf den Inhalt als auch auf den Stil. Die sexuelle Freizügigkeit wurde ebenso missbilligt wie die moderne Rede- und Schreibweise der Protagonistin. Andere Rezensenten sahen in dem Roman eine Gefahr für die weibliche Leserschaft, weil die Hauptfigur überwiegend materialistische Ansichten vertrat und zuweilen den uneingeschränkten Konsum propagierte. Des Weiteren wurde noch das unmoralische Leben der Hauptfigur kritisiert, das zwischen Promiskuität und Prostitution schwanke.

Plagiatsvorwürfe

Das kunstseidene Mädchen – ein Plagiat?

Von Anfang an äußerten zahlreiche Kritikerinnen und Kritiker Plagiatsvorwürfe nach dem Erscheinen des Romans. Man warf Irmgard Keun vor, sie habe sich zu stark an Anita Loos' wenige Jahre zuvor erschienen Roman *Blondinen bevorzugt* angelehnt. Darüber hinaus soll sie aus Robert Neumanns Roman

14 Tucholsky (s. Anm. 12).

Karriere abgeschrieben haben. Die Autorin wandte sich nach dem Bekanntwerden der Vorwürfe an ihren Förderer Kurt Tucholsky, den sie um eine Prüfung bat. Dessen Expertise überraschte sie, bestätigte er doch den Verdacht, sie habe geistiges Eigentum gestohlen[15]. Sie konnte nichts Entkräftendes vorbringen, und so bleibt der Sachverhalt bis heute unaufgeklärt. 1966 distanziert sich Neumann allerdings von seiner früheren Behauptung und lastete sie anderen Autoren an.

Nachkriegszeit und Verfilmung 1959/60

Nach dem Ende der Herrschaft der Nationalsozialisten hat die Autorin erfolglos versucht, an ihre beiden großen Erfolge am Ende der Weimarer Republik anzuknüpfen. Einzig eine Verfilmung von 1959/60 hat noch einmal Erinnerungen an das *Kunstseidene Mädchen* geweckt. Bei der Verfilmung handelt es sich um eine deutsch-französisch-italienische Produktion unter der Leitung eines französischen Regisseurs. Die Hauptrolle übernahm eine italienische Darstellerin. Von den deutschen Schauspielerinnen und Schauspielern waren damals vor allem Gustav Knuth, Gert Fröbe, Agnes Fink, Ralf Wolter und Harry Meyen bekannt. Inhaltlich stimmt die Handlung weitgehend mit der des Romans überein; der Film spielt jedoch

Die Verfilmung von 1959/60

15 Der Briefwechsel zwischen der Autorin und Kurt Tucholsky ist nachzulesen in: Hiltrud Häntzschel, *Irmgard Keun*, Reinbek bei Hamburg 2001, S. 41 ff.

nicht in der Weimarer Republik, sondern in der Bundesrepublik Ende der 1950er Jahre. Doris Putzke, Stenotypistin, will ihrem Angestelltendasein entkommen und gesellschaftlich aufsteigen. Dazu benutzt sie zahlreiche Männerbekanntschaften, wobei sie immer wieder an Männer gerät, die ihren Körper und ihre Jugend kaufen wollen. Doris gibt nicht auf und bemüht sich immer wieder, ihr Glücksverlangen zu verwirklichen.

Wiederentdeckung

■ Die Frauenbewegung entdeckt I. Keun wieder

Mitte der 1970er Jahre entdeckt die Frauenbewegung die beiden Bücher aus der Endphase der Weimarer Republik wieder. Die in ihnen entworfenen Frauenfiguren werden zum Vorbild der Vertreterinnen der Emanzipationsbewegung und verschaffen der Autorin neue Anerkennung, die sich vor allem durch die Neuauflage ihrer Bücher ausdrückt. Im Zuge dieser Wiederentdeckung entstehen verschiedene Theaterfassungen. Neben Gottfried Greiffenhagen haben auch andere Regisseure Theaterstücke aufgrund der literarischen Vorlage inszeniert, die aktuell noch immer an verschiedenen Theatern aufgeführt werden. Greiffenhagens Bühnenvorlage von 1985 ist weitestgehend werkgetreu, wobei er darauf achtet, dass sich Doris, das kunstseidene Mädchen, in ihren Vorstellungen vom sozialen Aufstieg und in ihren Wunschträumen von einem glanzvollen Luxusleben als eine Figur der Gegenwart zeigt. Zwischen 2010 und 2019 gab es immer wieder neue Aufführungen. Allein im Jahr 2020 wurde die Bühnenversion u.a. im Zimmertheater Rottweil, im Schlossplatztheater in Berlin und im Theater Trier aufgeführt.

Gegenwart

Irmgard Keuns Roman wurde noch einmal 2003 ausgezeichnet: Er wurde zum ersten *Buch für die Stadt*, eine Literaturaktion der Stadt Köln, ausgewählt. 2016 erschien eine Kurzversion des Romans mit Playmobilfiguren in der bekannten und vor allem bei dem jüngeren Publikum sehr beliebten YouTube-Reihe: *Sommers Weltliteratur to go*. Durch die Veröffentlichung der kommentierten Gesamtausgabe der Werke 2017 dürfte Irmgard Keuns Bekanntheitsgrad weiter gestiegen sein. Vielleicht kann so sichergestellt werden, dass die Autorin und ihre Werke nicht in Vergessenheit geraten.

Zusammenfassend kann man sagen, dass Keuns naiv-gewitzte Frauenfigur Doris auch heute noch für sich einnimmt. Der Roman beleuchtet auf besondere Weise, was es heißt, ein Leben für den schönen Schein zu führen und in einem Tauschhandel körperliche Schönheit gegen Luxus einzusetzen. In Zeiten von Social Media und Selbstdarstellung ist der Roman wohl aktueller denn je.

Aktualität

9. Wort- und Sacherläuterungen

7,8 **Kaiserhof:** Kölner Varieté.

8,8 **Erlkönig:** bekannte Ballade von Johann Wolfgang Goethe (1749–1832) aus dem Jahr 1782.

8,22 **Colleen Moore:** amerikanische Filmschauspielerin (1900–1988), bekannte Repräsentantin der Neuen Frau. Sie verkörperte den Typus der Flapper.

9,16 **Hopfenstange:** eigentlich langer Holzstab, an dem der Hopfen in die Höhe wachsen kann; hier Metapher für die Größe und den Körperbau des Rechtsanwalts.

9,19 **Krach:** umgangssprachlich für Streit, Auseinandersetzung.

10,2 **wo blieben sonst die Ideale?:** Anspielung auf ein Schlüsselwort der Klassik. In der Klassik galt vor allem das Streben nach Humanität, Vervollkommnung und Harmonie als erstrebenswerte und ideale Eigenschaften des Menschen

11,10 **Zigeunerbaron:** Titel einer Operette von Johann Strauß (1825–1899) aus dem Jahr 1885.

11,10 **Aida:** Titel einer Oper von Giuseppe Verdi (1813–1901) von 1871.

11,18 f. **Zigaretten zu acht:** Zigaretten für den Preis von acht Pfennig.

11,19 **zu vier:** für vier Pfennig.

12,3 **baß wundern:** sehr erstaunt/verwundert sein.

12,11 **Kommant:** eigentlich Komment, ›Sitte oder Moral‹.

12,16 f. **Kupferberg naß:** Name einer Sektfirma, Sprachspiel auf Kupferberg trocken.

13,9 **Rix Diele:** bekannter Saalbau in Berlin; es gibt auch eine Bar gleichen Namens in Köln.

15,6 **Conrad Veidt:** (1893–1943) bekannter Schauspieler aus der Stummfilmzeit.

15,23 **Laxin:** Name für Abführmittel.

17,25 **kolossales Fluidum:** besonders beeindruckende Wirkung oder Ausstrahlung.

19,20 **Einstein:** Albert Einstein (1879–1955), deutscher Physiker, der Forschungen zur Quanten- und Relativitätstheorie vornahm.

20,5 **Pinke:** umgangssprachlich für Geld.

20,18 **Zelluloid:** eine Kunststoffverbindung, die sich besonders leicht schmelzen und formen lässt.

20,21 **aus Pietismus:** aus Pietät (›Respekt, Rücksichtnahme‹), falscher Sprachgebrauch Doris'.

21,6 **Stockschnupfen:** Schnupfen, der die Nase verstopft.

22,5 **General auf der Kanzel:** Doris sucht nach einem Wort, um die Haltung beschreiben zu können.

23,17 **Marlene Dietrich:** (1901–1992) bekannte deutsche Schauspielerin, Hauptfigur im Film *Der blaue Engel.*

26,5 **Gummi-Arabicum:** Gummi, das aus dem Saft von Akazienbäumen gewonnen wird; wird zum Beispiel für die Herstellung von Kaugummis und Süßwaren verwendet.

26,23 **Visage:** Gesicht, Miene.

27,7 **Garderobiere:** Die Garderobiere bzw. der Garderobier kann im Theater für die Aufbewahrung der Kleidung der Besucher, aber auch für die Pflege und das Anlegen der Kostüme verantwortlich sein.

28,22 **Palastdiele:** Kölner Tanzlokal.

29,11 f. **ich hab dich lieb, braune Madonna:** Titel der Comedian Harmonists (1931).

29,21 f. **Gelbstern:** ältere Bezeichnung für ein Mannequin, Model.

30,4 **meschuggene:** meschugge: verrückt, nicht bei Verstand.

30,11 **Inspizient:** Ein Inspizient koordiniert und überwacht den künstlerischen sowie technischen Ablauf von Theaterproben und -aufführungen.

30,25 **Wallensteins Lager:** der erste Teil von Schillers Trilogie *Wallenstein* (Uraufführung 1798).

34,9 f. **Crêpe de Chine:** Seidenstoff.

35,18 **Marketenderin:** weibliche Form zu Marketender, eine Person die eine militärische Gruppe begleitet und mit Waren versorgt. Als Marketenderinnen wurden früher auch die Prostituierten bezeichnet, die mit den Truppen mitzogen. Heute noch teilweise als Bezeichnung für Frauen, die Musikkapellen mit Getränken versorgen, geläufig.

35,23 **Odeur:** Geruch, Duft.

36,4 **Base:** altertümlich für Cousine.

37,16 f. **anzukeilen:** hier wohl im Sinne von ›sich an jemanden heranmachen‹ bzw. ›sich einschmeicheln‹.

37,27 **Proletariat:** Arbeiterklasse.

39,13 f. **Holofernes:** Heerführer aus Friedrich Hebbels Tragödie *Judith*, der von der gleichnamigen Hauptfigur enthauptet wird.

40,5 **grassiert:** sich ausbreitet.

40,9 **Judith:** vgl. Anm. zu 39,13 f.

42,23 **Rohrstuhl:** Stuhl aus Bambusrohr.

43,7 **Königin Luise:** Königin Luise von Preußen (1776–1810) galt damals als Idealbild der deutschen Frau.

43,15 **Erlkönig:** vgl. Anm. zu 8,8.

43,20 **Elisabeth ihre schönen Beine:** *Wenn die Elisabeth nicht so schöne Beine hätt'* ist ein Titel aus dem Musical *Die Wunder-Bar* (1930).

44,13 f. **Muffkammer:** Wortschöpfung für ein kleines Schlafzimmer, in dem es muffig oder modrig riecht.

46,1 **Konferenzier:** Der Conférencier kündigt im Kabarett oder Varieté die einzelnen Teile des Programms auf unterhaltsame Weise an.

48,6 **Seal:** Fell eines jungen Seehunds.

49,7 **koddrig:** körperlich unwohl, übel, schlecht.

49,9 **Mönch, der eine Rede hält:** Figur aus *Wallensteins Lager.*

51,25 **Coty dunkel:** dunkler Lippenstift der Marke Coty.

52,8 **Tinnef:** umgangssprachlich für wertloses Zeug, Kram, Unsinn.

53,13 **Vitriol:** giftiges Mittel.

54,9 f. **Seidenrosetten:** aus Bändern genähte oder geschlungene Verzierungen, die in ihrer Form an aufgeblühte Rosenblüten erinnern.

55,23 **Kaiser-Wilhelm-Gedächtnis-Auto:** Wilhelm II. (1859–1941) pflegte mit seinem auffälligen Auto um die Kaiser-Wilhelm-Gedächtniskirche zu brausen.

55,24 **stiebten auseinander:** liefen schnell und fluchtartig in alle Richtungen davon.

55,24 f. **Heil dir im Siegerkranz:** wurde 1871 zur Hymne des deutschen Kaisers.

55,26 **Asbach:** bekannter Weinbrand.

56,2 f. **Eisernes Kreuz I:** preußischer Militärorden.

56,4 **Patrouille:** ein von Soldaten durchgeführter Kontrollgang.

56,10 **Marseillaise:** französische Nationalhymne.

56,19 **Sechstagerennen:** Radrennen, das sechs Tage Abend für Abend in entsprechender Halle mit großem Spektakel veranstaltet wird.

56,24 **Cherry Cobler:** Cocktail.

57,10 f.: **Das Wandern ... Vogel geflogen:** *Das Wandern ist des Müllers Lust* ist eines der bekanntesten deutschsprachigen Wander- und Volkslieder, das 1844 von Carl Friedrich Zöllner (1800–1860) komponiert wurde. *Kommt ein Vogel geflogen* ist ein Volkslied, das ursprünglich aus dem Niederösterreichischen stammt. In veränderter Fassung ist das Lied heute noch als Kinderlied bekannt.

57,14 **Schupo:** Abkürzung für Schutzpolizist.

57,22 **Thusnelda:** Ehefrau des Germanenfürsten Arminius.

58,26 **Fehmantel:** Mantel aus samtweichem russischen Eichhörnchenfell.

60,15 **Schwan im Blauband:** Feinkostmargarine der Magarinewerke Van den Bergh, die mit einem blauen Band verziert war und einen Schwan als Logo hatte.

62,10 **Crêpe marocain:** marokkanische Seide.

64,15 **Chypre:** Parfum der Marke Coty.

67,27 f. **bei Essen Straßenbahnschienen:** Produktionszweig der Krupp-Stahl AG.

68,2 **Plümo:** frz. *plumeau* ›Bettdecke‹.

68,17 **Jockeybar:** überwiegend von Künstlern besuchtes Lokal.

68,20 f. **auf der Tauentzien bei Zuntz:** Das Café Zuntz lag an der Tauentzienstraße.

68,25 **Gedächtniskirche:** Kaiser-Wilhelm-Gedächtniskirche.

70,11 **pumpen:** ausleihen.

70,20 **sage ich es ihr auf den Kopf zu:** spreche ich es ihr gegenüber offen an, sage ich es ihr direkt ins Gesicht.

71,27 **Laval und Briand:** Pierre Laval (1883–1945) und Astride Briand (1862–1932), französische Politiker.

72,9 f. **Adlon:** bekanntes Berliner Hotel.

78,12 **Bembergseide:** bessere Kunstseide.

78,14 f. **Eidechsenkappen:** Vorder- oder Hinterkappen sind fest aufgesetzte Teile des Schuhs, die dessen Wölbung formen und versteifen. Die Kappen von Doris' Schuhen sind aus Eidechsenleder gefertigt.

78,26 **Rayon:** Kunstseide.

79,7 f. **Reinhardt:** Max Reinhardt (1873–1943) bekannter deutscher Intendant, u. a. am Deutschen Theater.

79,10 **Kavalier:** ein Mann, der sich besonders höflich, taktvoll und vorbildlich verhält. Heute wird stattdessen häufig der Begriff ›Gentleman‹ benutzt.

80,8 **Chaiselongue:** eine gepolsterte Liege mit Kopflehne (von frz. *chaise longue* ›langer Stuhl‹).

80,12 **Danziger Goldwasser:** würzig-süß schmeckender Likör, in dem kleine Blattgoldflocken schwimmen.

82,2 **Georgetteblusen:** Georgette, auch Crêpe Georgette, ist ein dünner Stoff aus Seide oder Kunstseide, der in der ersten Hälfte des 20. Jahrhunderts besonders gefragt war.

85,7 **Spreeamme:** Ammen waren Kindermädchen, die fremde Kinder stillten und betreuten. In wohlhabenden Berliner Familien waren vor dem Ersten Weltkrieg vor allem Ammen aus dem Spreewald beliebt, die durch ihre besonderen Trachten auffielen.

85,9 **Onyxfamilie:** Onyx ist ein schwarzer Edelstein, der oft zu kostbarem Schmuck verarbeitet wird.

85,12 **Sie wohnen am Knie:** Heute ist dort der Ernst-Reuter-Platz.

87,17 **Dirne:** Prostituierte.

88,17 f. **Treibriemen:** Band aus Gummi, Leder oder Kunststoff, das die Bewegungs- beziehungsweise Kraftübertragung zwischen einzelnen Getriebeteilen herstellt.

89,26 **Resi:** bekanntes Berliner Ballhaus mit Spiegelkugeln unter der Decke und Tischtelefonen.

89,27 **Garage:** hier: Autowerkstatt.

90,1 **Das ist die Liebe der Matrosen:** Titelmusik aus dem Film: *Bomben auf Monte Carlo* (1931).

91,20 **wibbelig:** zappelig, kribbelig, aufgeregt.

91,25 **sich … herbeiläßt:** sich (körperlich) hingibt, einlässt.

92,10 **Alimente:** Unterhaltszahlungen für Kinder.

95,7 **Cachenez:** Herrenhalstuch.

95,11 **Josty am Potsdamer Platz:** Treffpunkt für Künstler und Intellektuelle.

96,1 **nicht Unterstützung:** Herr Brenner bekommt keine Kriegsinvalidenrente.

97,2 **Kneifer:** Brille ohne Bügel, die auf die Nase geklemmt wird, auch Klemmer oder Zwicker genannt.

97,20 **spillrig:** dünn, zart, schmächtig.

97,22 **Seidenpompons:** Pompons: runde, einem Ball ähnliche Zierelemente, die an Kleidungsstücken angebracht werden.

97,23 **Pompadour:** hier die Bezeichnung für eine kleine Handtasche.

100,6 f. **Jägerjoppe:** Joppe: auch Jobs oder Juppe; Männerjacke aus Wollstoff.

101,27 **gelber Querschnitt:** Kulturzeitschrift in der Weimarer Republik, mit einem gelben Umschlag versehen.

101,27 **Kempinski:** reiche Hotel- und Restaurantdynastie.

102,18 **blondes Kino:** viele Hauptdarstellerinnen waren blond.

103,12 **Gloriapalast:** Filmpalast am Kurfürstendamm.

103,15 **Romanische Café:** sehr bekanntes Künstlercafé in Berlin.

105,15 **Automatenrestaurant:** Selbstbedienungsrestaurant.

105,16 **Walkürenradiomusik:** *Die Walküre* (1870) ist ein Operndrama (mit dem bekanntesten Orchesterstück Walkürenritt) Richard Wagners (1813–1883).

105,18 **Stadtküche:** Restaurant in der Tauentzienstraße.

105,22 **KaDeWe:** Abkürzung für Kaufhaus des Westens (Luxus-Kaufhaus).

105,26 **Wittenbergtempel:** Untergrundbahnhof nahe dem KaDeWe.

106,15 **geneppt:** betrogen, abgezockt, übers Ohr gehauen.

107,6 **Dekadenz:** kultureller Verfall, der sich besonders

durch übertriebene und unangemessene Lebensgewohnheiten auszeichnet.

107,7 **Mosel:** Wein aus dem Anbaugebiet der Mosel, eines Nebenflusses des Rheins.

107,17 **Ansbacher:** Seitenstraße der Tauentzienstraße.

107,22 **Puderquaste:** eine Art kleines Kissen zum Auftragen von kosmetischem Puder.

107,24 **Nürnberger:** Seitenstraße der Tauentzienstraße.

108,5 f. **Narsan ...9 Watruschki:** russische Speisen und Getränke.

108,26 f. **Chiffonkleid:** echtes Seidenkleid.

109,27 **Skunks:** aus dem Fell von Stinktieren hergestellter Pelz.

112,26 **Hindenburg:** Paul von Hindenburg (1847–1934) war ein deutscher General und Politiker. 1925 wurde Hindenburg Reichspräsident der Weimarer Republik, 1932 wurde er wiedergewählt. 1933 ernannte er Adolf Hitler zum Reichskanzler.

114,22 f. **ich schenk mein Herz nur dir allein:** Lied aus der Operette *Die Dubarry* (1931).

115,13 **Vaterland:** Das Haus beherbergt Restaurants, Kinos und Säle für kulturelle Angebote.

115,21 **Lauben:** Gartenhäuschen oder überdachte Sitzplätze im Garten, die häufig von Pflanzen umrankt sind.

115,27 **Flucht:** aneinandergereihte Zimmer, die durch Türen miteinander verbunden sind.

116,23 f. **Schutzmann:** andere Bezeichnung für Schutzpolizist.

117,11 **Ein Mädchen von Sankt Pauli:** Titelsong des Films *Ein Mädchen von der Reeperbahn* (1930).

117,12 **Schmiß:** mitreißender Schwung, Energie, Temperament.

117,16 **ulkige:** witzige, lustige, spaßige.

119,4 **In Sankt Pauli bei Altona:** bekannter Schlager von 1930.

121,2 **Jumper:** Kleidungsstück für Frauen, einem Pullover ähnlich.

121,23 **Leukoplast:** aufgerolltes Pflaster, das der Fixierung von Verbänden und Wundauflagen dient.

122,8 **Kimono:** japanisches Kleidungsstück, das mit einem Gürtel zusammengebunden wird; in Europa häufig als Morgenmantel verwendet.

122,9 **Zofe:** weibliche Bedienstete, die eine vornehme, meist adlige Dame betreut.

122,12 **Skala:** Varieté-Theater in der Lutherstraße.

122,23 f. **die Liebe ... ist eine Himmelsmacht:** Refrainzeile aus der Operette *Der Zigeunerbaron* (1885).

123,10 f. **Koffergrammophon:** tragbares Gerät, das zum Abspielen und Aufzeichnen von Tönen genutzt wird, einem Schallplattenspieler ähnlich.

123,11 **Tauberplatten:** Schallplatten mit der Musik Richard Taubers (1891–1948). Tauber war österreichischer Tenor, der als Opern- und Operettensänger berühmt wurde.

123,12 **Tietz:** Kaufhäuser in der Leipziger Straße und am Alexanderplatz.

123,18 **c'est ça olala:** frz. *c'est ça* ›das ist es‹; oh, là, là ist ein Ausruf des Erstaunens.

123,20 **Crêpe lavable:** Gewebe aus Seide oder Kunstseide.

124,6 **Sarotti:** bekannte Schokoladenmarke.

124,8 **Negligé:** leichter Morgenmantel oder auch verführerisches Nachthemd für Frauen.

124,16 **Schäker:** jemand, der häufig auf neckische Art flirtet.

126,8 **Pinet:** exklusive französische Schuhmarke.

127,11 **der Kongreß tanzt:** Titel eines Films mit Lilian Harvey (1906–1968) in der Hauptrolle, männliche Hauptrolle: Willy Fritsch (1901–1973).

131,26 **altes Reff:** alte ausgemergelte Frau.

132,14 **Film-Kaffee:** an der Kochstraße gelegenes Café, in dem häufig Statisten nach Jobs fragten.

132,18 **Exaltierung:** Wortneuschöpfung von Doris, abgeleitet von exaltiert für ›aufgeregt, hysterisch, überspannt‹.

132,24 **Café des Westens:** Literaten-Café am Kurfürstendamm.

133,2 **Biomalz-Kur:** Malzextrakt aus Gerste, dem eine heilende und verjüngende Wirkung nachgesagt wird. Die Firma Biomalz Teltow warb mit einer Biomalz-Kur, die besonders Frauen für dieses Produkt begeistern sollte.

133,10 **Toiletten:** hier: Produkte für die Körperpflege.

134,19 **carabitschi:** ein von Doris erfundenes, angeblich bulgarisches Wort. Da sie weiß, dass Lippi Wiesel sich mit Bulgarien nicht auskennt, kann sie sich diesen Schwindel erlauben.

137,20 **krunkligen:** rissigen, faltigen, schrumpeligen.

137,20 **polkigen:** Wortneuschöpfung von Doris, vermutlich an das Verb polken (popeln, pulen) angelehnt.

137,22 **Cherie:** Kosename, von frz. *chérie* ›Süße, Liebes, Liebling‹.

137,26 **Scotchterriers:** kleine Hunderasse mit rauem Fell aus Großbritannien, auch Scottish Terrier genannt.

144,7 **Humpen:** großes Trinkgefäß mit aufklappbarem Deckel, in dem Bier serviert wird.

146,26 **O Donna Klara:** 1930 ein erfolgreicher Schlager in Deutschland, auch von den Comedian Harmonists gesungen.

149,3 **Kruke:** liebenswert-schrullige Person.

149,7 **aschigem:** aschblondem.

149,12 **Woolworth:** amerikanischer Kaufhauskonzern.

150,8 **Alpakagabel:** nahezu wertlose Gabel aus Neusilber, auch Alpaka genannt.

151,4 f. **dusel vor mich hin:** dösen, schlummern.

151,11 **Helles:** hellgelbe Biersorte.

151,23 **dußlig:** dusslig, dumm, einfältig.

154,13 **»Armer Gigolo, schöner Gigolo«:** Tango, in dem ein armer Mann als Begleiter einsamer Frauen auftritt.

155,3 **Vulkanfiber:** Vulkanfiber, auch Lederstein oder Cottonid, ist ein hartes, zähes Material aus Zellstoff und wurde früher unter anderem für die Herstellung von Koffern, Knöpfen und Riemen benutzt.

155,20 f. **Pfund:** Das Pfund ist eine alte Maßeinheit. Ein halbes Kilogramm entspricht einem Pfund.

156,8 **Ulster:** Bezeichnung für einen Herrenmantel.

157,2 **Diwan:** niedriges Sofa zum Liegen.

164,26 **kann Maschine:** kann mit einer Schreibmaschine schreiben.

168,6 **Charell:** Erik Charell (1894–1974) deutscher Schauspieler, Sänger und Tänzer.

169,4 f. **Warum lächelst du, Mona Lisa?:** Song von Robert Stolz, der durch den Musikfilm *Der Raub der Mona Lisa* (1931) bekannt wurde.

169,8 **Tschaikowsky:** Pjotr Iljitsch Tschaikowski (1840–1893) war ein russischer Komponist, der unter anderem die Musik für die berühmten Ballette *Schwanensee* (1877) und *Der Nussknacker* (1892) verfasst hat.

171,11 **Schubert:** Franz Schubert (1797–1828) war ein österreichischer Komponist, der trotz seines frühen Todes ein umfangreiches Werk hinterließ, darunter allein etwa 600 Kunstlieder. Berühmt ist seine Vertonung der Ballade *Erlkönig* von Goethe.

171,19 **Baudelaire:** Charles Baudelaire (1821–1867), französischer Dichter.

171,20 **Lesbos:** Insel in Griechenland. Der Begriff ›lesbisch‹ leitet sich vom Namen dieser Insel ab, da hier die antike Dichterin Sappho lebte, die in ihren Gedichten die Liebe zwischen Frauen thematisierte.

172,6 **Marburger Straße:** Seitenstraße der Tauentzienstraße; zwischen 1920 und 1930 ein Ort, an dem sich die künstlerische, jüdische und homosexuelle Kultur entfalten konnte. Irmgard Keun lebte hier Anfang der 1930er Jahre in einem Pensionszimmer.

172,8 **Van der Velde:** Theodoor Hendrik van de Velde (1873–1937), niederländischer Gynäkologe und Sexualaufklärer.

172,19 **rentieren:** sich lohnen, sich bezahlt machen.

172,19 f. **rationell wirtschaften:** Das Verb ›wirtschaften‹ beinhaltet das Adjektiv ›rationell‹ (effektiv, wirtschaftlich) eigentlich schon.

174,11 f. **Bücklinge … Rogen … Kaviar:** Ein Bückling ist

ein am Stück geräucherter Hering. Bei Rogen handelt es sich um Fischeier. Den Rogen von Stören bezeichnet man als (echten) Kaviar, der als besondere Delikatesse gilt.

174,22 **Notverordnung:** von der Verfassung vorgesehener Artikel, wonach der Reichskanzler Gesetze ohne Mitwirkung des Parlaments erlassen konnte.

177,21 f. **ich sehe eure jungfräulichen Triebe:** ungenaues Zitat Doris' aus Baudelaires Buch *Die Blumen des Bösen* (1857).

180,23 **Salmiakgeist:** auch Ammoniakwasser genannt; eine reinigende, desinfizierende Lösung aus Ammoniak, die nicht für eine körperliche Anwendung geeignet ist.

181,10 **Foxterrier:** kleine Hunderasse aus Großbritannien mit glattem oder rauem Fell.

182,11 **Pfirsich Melba:** Eisspeise mit Vanilleeis, Pfirsichen und Himbeerpüree.

188,12 **Kautsch:** fehlerhafte Schreibung von Couch.

191,25 **Mädchen in Uniform:** Verfilmung eines Theaterstücks aus dem Jahr 1931.

194,7 f. **Wien, Wien, nur du allein:** Welterfolg Richard Taubers in den 1920er und -30er Jahren.

194,9 **Das gibt's nur einmal:** ein von Lilian Harvey in Erik Charells Film *Der Kongreß tanzt* (1931) gesungener Song.

194,26 **Selter:** Selterswasser oder Selters ist ursprünglich ein Mineralwasser aus einer berühmten, schon von den Römern genutzten Quelle im hessischen Taunus; der Name wird mittlerweile vor allem in Nord- und Ostdeutschland als Gattungsname genutzt.

198,26 **Pfennje:** Pfennige. Im Berliner Dialekt wird das ›G‹ als ›J‹ ausgesprochen.

199,5 **Wohlfahrt:** Fürsorge, Sozialhilfe.

199,8 f. **Im Prater blühn wieder die Bäume:** Dieses Lied des österreichischen Komponisten Robert Stolz (1880–1975) gehörte zum Repertoire Richard Taubers.

199,10 f. **es spielt der Jim Harmonika:** nimmt Bezug auf den *Harmonika-Jim*-Tango (1929).

200,22 **Billjett dux:** Das Billet-doux (frz. *billet doux* ›süßer Zettel‹) war eine Art kurzer Liebesbrief des 18. und 19. Jahrhunderts.

200,23 **infantischen Knaben:** Als Infant oder Infantin wurden die Kinder von spanischen und portugiesischen Monarchen bezeichnet.

200,23 **vafihrnsen:** ›verführen‹ im Berliner Dialekt.

200,28 **ungalante:** unhöfliche, unfreundliche.

201,23 f. **singen möchte ich … mein ist die schönste der Frauen:** Abwandlung einer Zeile aus der Operette *Die Csárdásfürstin* (1915).

203,20 f. **illuminiere**: beleuchte; hier bezogen auf die Kerzen, die Doris für Herrn Ernst anzünden will.

205,10 **Brisoletts:** eine Art Frikadelle aus gebratenem Kalbshackfleisch.

206,5 **Haare gebrannt:** Wellen oder Locken mit einer heißen Brennschere geformt.

210,6 **Couvert:** frühere Schreibung für ein Kuvert, einen Briefumschlag.

211,23 **Lebertran:** Öl aus der Leber von Speisefischen, das zur Vorbeugung von Kinderkrankheiten und zur Kräftigung verabreicht wird.

212,1 f. **Walzer und eine Donau:** eigentlich heißt der Walzer von Johann Strauß *An der schönen blauen Donau* (veröffentlicht 1867), wird häufig aber auch nur Donauwalzer genannt.

214,14 **varrickte:** ›verrückte‹ im Berliner Dialekt.

216,20 **Stuß:** Stuss, Unsinn, Unfug.

217,25 f. **Kittchen:** Gefängnis.

10. Prüfungsaufgaben mit Lösungshinweisen

Aufgabe 1: Vergleich zweier literarischer Texte

Arbeitsauftrag 1

1. Analysieren Sie den Ausschnitt aus Robert Seethalers Großstadtroman *Der Trafikant* [»Ankunft in Wien«, S. 19–21] im Hinblick auf Franz Huchel, die Hauptfigur, und dessen aktuelles psychisches Befinden. Berücksichtigen Sie dabei die erzählerischen und sprachlichen Gestaltungsmittel.
2. Vergleichen Sie Franz Huchels Eindrücke in Wien mit denen von Doris beim Eintreffen in Berlin (S. 71, Zeile 23, bis S. 73, Zeile 2). Beziehen Sie in Ihren Vergleich die Erwartungshaltungen der jeweiligen Figur aus den beiden Romanen ein. Berücksichtigen Sie dabei auch Keuns erzählerische Gestaltung der Ankunft der Protagonistin in Berlin.

Erläuterungen zu den Operatoren:

»**Analysieren**«: einen Text als Ganzes oder aspektorientiert unter Wahrung des funktionalen Zusammenhangs von Inhalt, Form und Sprache erschließen und das Ergebnis der Erschließung darlegen

»**Vergleichen**«: nach vorgegebenen oder selbst gewählten Gesichtspunkten Gemeinsamkeiten, Ähnlichkeiten und Unterschiede herausarbeiten und gegeneinander abwägen

Textauszug: »Ankunft in Wien«

Als der Zug schließlich mit nur zweistündiger Verspätung in den Wiener Westbahnhof eingefahren war und Franz aus der Bahnhofshalle ins grelle Mittagslicht hinaustrat, war seine kleine Melancholie längst wieder verflogen. Stattdessen wurde ihm ein bisschen schlecht und er musste sich am nächsten Gaslaternenmast festhalten. Als Erstes gleich einmal vor allen Leuten umkippen, da muss man sich ja genieren, dachte er wütend. Genau wie die käsigen Sommerfrischler, die es Sommer für Sommer gleich nach ihrer Ankunft am Seeufer reihenweise vom Hitzschlag getroffen ins Gras schmeißt und die hernach von gutgelaunten Einheimischen mit einem Kübel Wasser oder ein paar Ohrfeigen wieder ins Bewusstsein zurückgeholt werden müssen. Er klammerte sich noch fester an die Laterne, schloss die Augen und rührte sich so lange nicht mehr, bis er das Pflaster wieder sicher unter seinen Füßen spürte und sich die rötlichen Flecken aufgelöst hatten, die langsam in seinem Blickfeld vorbeipulsierten. Als er die Augen wieder öffnete, brach ein kurzer, erschrockener Lacher aus ihm heraus. Es war überwältigend. Die Stadt brodelte wie der Gemüsetopf auf Mutters Herd. Alles war in ununterbrochener Bewegung, selbst die Mauern und die Straßen schienen zu leben, atmeten, wölbten sich. Es war, als könnte man das Ächzen der Pflastersteine und das Knirschen der Ziegel hören. Überhaupt der Lärm: Ein unaufhörliches Brausen lag in der Luft, ein unfassbares Durcheinander von Tönen,

Klängen und Rhythmen, die sich ablösten, ineinanderflossen, sich gegenseitig übertönten, überschrien, überbrüllten. Dazu das Licht. Überall ein Flimmern, Glänzen, Blitzen und Leuchten: Fenster, Spiegel, Reklameschilder, Fahnenstangen, Gürtelschnallen, Brillengläser. Autos knatterten vorüber. Ein Lastwagen. Ein libellengrünes Motorrad. Noch ein Lastwagen. Mit einem schrillen Bimmeln bog eine Straßenbahn um die Ecke. Eine Geschäftstür wurde aufgerissen, Wagentüren zugeschlagen. Jemand trällerte die ersten Takte eines Gassenhauers, brach aber mitten im Refrain wieder ab. Jemand schimpfte heiser. Eine Frau kreischte wie ein Schlachthuhn. Ja, dachte Franz benommen, das hier ist etwas anderes. Etwas völlig und ganz anderes. Und in diesem Moment nahm er den Gestank wahr. Unter dem Straßenpflaster schien es zu gären, und darüber waberten die verschiedensten Ausdünstungen. Es roch nach Abwasser, nach Urin, nach billigem Parfüm, altem Fett, verbranntem Gummi, Diesel, Pferdescheiße, Zigarettenqualm, Straßenteer.

»Ist Ihnen nicht gut, junger Mann?« Eine kleine Dame hatte sich zu Franz gestellt und blickte aus rötlich entzündeten Augen zu ihm hinauf. Trotz der Mittagshitze trug sie einen schweren Lodenmantel und hatte eine schäbige Pelzmütze auf dem Kopf.

»Aber nein!«, sagte Franz schnell. »Es ist nur so laut in der Stadt. Und es stinkt ein bisserl. Vom Kanal her wahrscheinlich.«

Die kleine Dame reckte ihm ihren Zeigefinger wie ein dürres Ästchen entgegen.

»Das ist nicht der Kanal, der da stinkt«, sagte sie. »Das sind die Zeiten. Faulige Zeiten sind das nämlich. Faulig, verdorben und verkommen!«

Robert Seethaler: Der Trafikant. Roman. Zürich/ Berlin: Kein & Aber, 2012. S. 19–21. –

Anmerkung:

Franz Huchel, 17 Jahre alt, ist im Salzkammergut, einer ländlichen Region in Österreich, aufgewachsen. Er wird 1938 von seiner Mutter nach Wien geschickt, wo er eine Ausbildung in einem Tabak-, Karten- und Zeitschriftenladen (in Österreich »Trafik« genannt) absolvieren soll. Schon nach kurzer Zeit gerät er in die Wirren um den Anschluss Österreichs an das nationalsozialistische Deutschland.

Wort- und Sacherläuterungen:

Lodenmantel: Mantel aus Wollgewebe.

Lösungshinweise

Zu 1)

a) **Einleitung**: Einleitungs- und Übersichtssatz: Autor, Textsorte, Zeit der Entstehung, Überleitungssatz zur Analyse
b) **Einordnung** der Szene **in den Gesamtzusammenhang** der Romanhandlung

  - Eintreffen des Protagonisten in Wien, erste Eindrücke einer Großstadt

c) **Beschreibung** der Reaktionen und Wahrnehmungen des Protagonisten auf dem Bahnhof
  - leichter Schwindelanfall, Suche nach einem Halt, Wahrnehmung der Geräuschkulisse und der Gerüche der Großstadt, Mobilität in der Stadt

d) **Deutung** der Aussagen der kleinen Dame als Vorausdeutung auf die (politische) Zukunft
  - Hinweis auf die nationalsozialistischen Auswüchse in Österreich vor dem Anschluss

e) **Überleitungssatz** zu 2)

Zu 2)

f) **Vergleich** der beiden Beschreibungen des Eintritts in eine neue ›Welt‹: **Gemeinsamkeiten und Unterschiede** im Hinblick auf:
  - die Wahrnehmungen und Gefühle der Protagonisten
  - die neuen Herausforderungen
  - die Erwartungen im neuen Leben

g) Berücksichtigung der **erzählerischen Gestaltungsmittel**
  - anfänglicher Erzählerbericht
  - Regiolekt Salzkammergut / Wienerisch
  - Vorausdeutungen
  - sprachliche Mehrdeutigkeiten: »Es liegt was in der Luft« oder »Faulige Zeiten«

h) **Zusammenfassende Würdigung** der Vergleichsergebnisse

Aufgabe 2: Analyse eines Sachtextes mit weiterführendem Schreibauftrag

Arbeitsauftrag 2

1. Analysieren und interpretieren Sie den Text, indem Sie insbesondere die Aussagen zum Aussehen und zur Rolle der Neuen Frau herausarbeiten.
2. Überprüfen Sie, ob und inwiefern die Aussagen des Autors auf das Frauenbild in dem Roman *Das kunstseidene Mädchen* von Irmgard Keun zu übertragen sind.

Erläuterungen zu den Operatoren:

»**Analysieren**«: einen Text als Ganzes oder aspektorientiert unter Wahrung des funktionalen Zusammenhangs von Inhalt, Form und Sprache erschließen und das Ergebnis der Erschließung darlegen

»**Interpretieren**«: auf der Grundlage einer Analyse im Ganzen oder aspektorientiert Sinnzusammenhänge erschließen und unter Einbeziehung der Wechselwirkung zwischen Inhalt, Form und Sprache zu einer schlüssigen (Gesamt-)Deutung gelangen

»**Überprüfen**«: Aussagen/Behauptungen kritisch hinterfragen und ihre Gültigkeit kriterienorientiert und begründet einschätzen

Textauszug: »Das Bild der Neuen Frau«

Die Bilder des Weiblichen werden auch in der Weimarer Zeit noch hauptsächlich von Männern produziert, allerdings ist deren Definitionsmacht jetzt doch immer mehr bedroht. Denn gerade im neusachlichen Kontext, aber überhaupt in der öffentlichen Repräsentation melden sich Frauen jetzt erstmals in größerer Zahl und mit größerem Gewicht und bestimmen zumindest ein Stück mit, und das nicht nur über die tatsächliche soziale Praxis [...].

Häufig ist kaum zu entscheiden, ob es sich um authentische Selbstäußerungen neuer Weiblichkeit handelt oder nicht doch letztlich um traditionelle Zuschreibungen, die auch von Frauen selbst übernommen werden. Immerhin sitzen in den Redaktionen der Zeitungen, Zeitschriften und Verlage nun immer mehr gebildete und unternehmungslustige Frauen, die versuchen, die Stellung der Frau in der Gesellschaft neu und selbstbewusst zu verorten. [...]

Die Künstlerinnen, Autorinnen, Direktricen, Modeschöpferinnen und Galeristinnen repräsentieren neue Formen des Selbstbewusstseins, des Körper- und Bewegungsausdrucks, insbesondere auch der Erotik. Der moderne Typus wird häufig von Schriftstellerinnen, Schauspielerinnen, Tänzerinnen oder Varietékünstlerinnen repräsentiert.

In den symbolischen Konstruktionen des Weiblichen findet sich »ein breitgefächertes Spielen mit traditionellen Geschlechterrollen«, aber auch mit neuen

Verhaltensangeboten, das in immer neuen Kombinationen vorgeführt wird. Die Neue Sachlichkeit, so könnte man pauschalierend sagen, erlaubt größere Spielräume für ästhetische Weiblichkeitsvorstellungen als etwa der Expressionismus oder die Literatur der Jahrhundertwende, die eine Domäne von Weiblichkeit imaginierenden Männern blieb. Wesentlich dabei ist die Hinwendung der neusachlichen Literatur zum Gegenständlichen und Körperlichen, zur Bewegung, zum Visuellen und auch die Annäherung der Literatur an die Berichts-, Presse- und Unterhaltungsformen, die eine Teilnahme von Frauen eher möglich machte. […]

Das Girl – wie die analogen Typen des »Flapper« und der »Garçonne« – ist ein Produkt der seit Mitte der 1920er Jahre immer stärker repräsentierten Unterhaltungskultur […]. Der Typ findet sich als Zigarettenverkäuferin in den Varietés und Revuetheatern, im Film und nach diesem Modell geformt, auch in den Cafés und Büros der Großstädte: jung, sportlich, körperbetont, freizügig, aber auch diszipliniert. Die modischen Vorgaben für die Neue Frau waren dem dominierenden Vorkriegsbild entgegengesetzt: »Die Kleidung versprach jetzt Bewegungsfreiheit und strahlte Jugendlichkeit aus. Das modische Ideal der Zeit war die schlanke, knabenhafte Silhouette.« Die Kleider wurden kürzer oder man trug Hosen, die Schuhe spitz, und der Pagen- oder Herrenschnitt (Bubikopf) war die bevorzugte Frisur. Die junge Frau stellte sich als »sachlich und androgyn« vor, zugleich aber auch als sinnlich und begehrenswert, aber auch »knabenhaft, linear, beherrscht von lebendiger Bewegung, vom Schreiten, vom Bein«. [...]

Die neusachlichen Autoren nehmen die gängigen, teilweise bereits klischierten Bilder der Neuen Frau auf, variieren sie und eröffnen durch die Form des überwiegend nüchternen, manchmal ironischen und bisweilen wehmütigen Berichts Möglichkeiten des Verständnisses wie der Kritik. Neben der beruflich erfolgreichen Alleinstehenden, die für die Karriere eine ausfüllende Liebesbeziehung opfert [...], steht die nur in Teilbereichen – zum Beispiel der erotischen Ausstrahlung – ihrer selbstsicheren Frau, die beruflich in einem nivellierten Angestelltenheer untergeht und sich in eine Phantasiewelt flüchtet, wie die Protagonistinnen bei Irmgard Keun.

Johannes G. Pankau: Die Neue Frau. In: Johannes G. Pankau: Einführung in die Literatur der Neuen Sachlichkeit. Darmstadt: Wissenschaftliche Buchgesellschaft, 2010. S. 32–37. – © 2010 wbg (Wissenschaftliche Buchgesellschaft), Darmstadt.

Wort- und Sacherläuterungen:

authentische: echt, verbürgt.
Direktricen: leitende Angestellte.
Galeristinnen: Besitzerin einer Galerie.
Expressionismus: Bezeichnung für die voraufgehende Literaturgeschichtsepoche.

Literatur der Jahrhundertwende: Bezeichnung für die parallel zum Expressionismus verlaufende Literaturgeschichtsepoche.

Domäne: Arbeits- und Wissensgebiet.

imaginierenden: sich vorstellend.

androgyn: sowohl männlich als auch weiblich aussehend.

klischierten Bilder: überkommene, klischeehafte Vorstellungen.

nivellierten: gleichgemacht.

Lösungshinweise

Zu 1)

a) **Einleitung**: Einleitungs- und Übersichtssatz: Autor, Textsorte, Zeit der Entstehung, Überleitungssatz zum Hauptteil

b) **Bestimmung des Themas des Textes und des Kontextes**, in dem er steht
   - Teilaspekt des Themas: »Neue Frau«
   - Im Kontext der Epoche »Neue Sachlichkeit«

c) kurze **Wiedergabe des Inhalts** des Textes mit eigenen Worten
   - Veränderungen in der Zusammensetzung der Redaktionen (Zunahme von Frauen)
   - Unklarheit, ob es sich bei einem Beitrag um eine Verfasserin oder einen Verfasser handelt
   - Weiblichkeitsentwürfe
   - Verschiedene Ausformungen von Weiblichkeitsentwürfen (Typen)

   - Reaktion der Frauen auf die gesellschaftlichen Veränderungen (u. a. im Roman Keuns)

d) **Erläuterung des Inhalts** des Textes und **Beschreibung der Argumentationsstruktur**
   - Auseinandersetzung um die männlich imaginierten Weiblichkeitsentwürfe
   - Kurze Vorstellungen der neuen »Frauenbilder«: Girl, Flapper, Garçonne
   - Problemaufriss, Spiel mit den »alten« und »neuen« Geschlechterrollen
   - Literarisierung des Bilds der »Neuen Frau«

e) **Kurzzusammenfassung** und **Überleitungssatz** zu 2)

Zu 2)

f) **Überprüfung**, ob und inwieweit die Aussagen des Sachtextes auf den Roman Irmgard Keuns übertragbar sind

g) **Skizzierung und Begründung** der **eigenen Position** zu der Übertragbarkeit der Aussagen

h) **Kritische Auseinandersetzung** und **zusammenfassende Würdigung**

Aufgabe 3: Analyse eines literarischen Textes mit weiterführendem Schreibauftrag

Arbeitsauftrag 3

1. Analysieren und interpretieren Sie das Gedicht von Erich Kästner.
2. Setzen Sie die inhaltlichen Aussagen des Gedichts in Beziehung zu den weiblichen Denk- und Verhaltensweisen, wie sie im Roman *Das kunstseidene Mädchen* von Irmgard Keun dargestellt werden.

Erläuterungen zu den Operatoren:

»**Analysieren**«: einen Text als Ganzes oder aspektorientiert unter Wahrung des funktionalen Zusammenhangs von Inhalt, Form und Sprache erschließen und das Ergebnis der Erschließung darlegen

»**Interpretieren**«: auf der Grundlage einer Analyse im Ganzen oder aspektorientiert Sinnzusammenhänge erschließen und unter Einbeziehung der Wechselwirkung zwischen Inhalt, Form und Sprache zu einer schlüssigen (Gesamt-)Deutung gelangen

»**In Beziehung setzen**«: Zusammenhänge unter vorgegebenen oder selbst gewählten Gesichtspunkten begründet herstellen

Text:

Ganz besonders feine Damen

Sie tragen die Büsten und Nasen
im gleichen Schritt und Tritt
und gehen so zart durch die Straßen,
als wären sie aus Biskuit.
Mit ihnen ist nicht zu spaßen.
Es ist, als trügen sie Vasen
und wüßten nur nicht, womit.

Sie scheinen sich stündlich zu baden
und sind nicht dünn und nicht dick.
Sie haben Beton in den Waden
und Halbgefrornes im Blick.
Man hält sie für Feen auf Reisen,
doch kann man es nicht beweisen.
Der Gatte hat eine Fabrik.

Sie laufen auf heimlichen Schienen.
Man weicht ihnen besser aus.
Sie stecken die steifsten Mienen
wie Fahnenstangen heraus.
Man kann es ganz einfach nicht fassen
daß sie sich beißen lassen,
in und außer dem Haus…

Man könnte sich denken, sie stiegen
mit Hüten und Mänteln ins Bett.
Und stünden im Schlaf, statt zu liegen.
Und schämten sich auf dem Klosett.
Man könnte sich denken, sie ließen
die Männer alle erschießen
und kniffen sie noch ins Skelett.

So schweben sie zwischen den Leuten
wie Königinnen nach Maß.
Doch hat das nichts zu bedeuten.
Sie sind ja gar nicht aus Glas!
Man kann sie, wie andre Frauen,
verführen, verstehn und verhauen.
Denn: fein sind sie nur zum Spaß.

Erich Kästner: Ganz besonders feine Damen. In: E. K.: Lärm im Spiegel. Mit Zeichnungen von Rudolf Grossmann. München: Deutscher Taschenbuch Verlag, [6]2003. S. 12. – © Atrium Verlag AG, Zürich 1929, und Thomas Kästner.

Wort- und Sacherklärungen:

Erich Kästner: war ein bekannter deutscher Schriftsteller und Drehbuchautor. Bekannt geworden ist er unter anderem durch seine Kinderbücher und durch seine Drehbücher zu vielen Filmen. In zahlreichen Gedichten klagte er gesellschaftliche Missstände und politische Fehlentwicklungen ironisch oder satirisch an. Kästner ist ein

Zeitgenosse Irmgard Keuns. Er hat zugesehen, wie Nationalsozialisten seine Bücher ebenfalls am 10. Mai 1933 verbrannten. Erich Kästner hat aber trotz zahlreicher Probleme mit den Machthabern Deutschland während der Nazi-Diktatur nicht verlassen.

Biskuit: Feingebäck.

Klosett: Toilette.

Lösungshinweise

Zu 1)

a) **Einleitung**: Einleitungs- und Übersichtssatz: Autor, Textsorte, Zeit der Entstehung sowie **Formulierung der Interpretationshypothese**, **Überleitungssatz** zur Analyse
b) **kurze Inhaltswiedergabe** der fünf Strophen mit eigenen Worten:
   - Aussehen/Kleidung
   - Lebensentwurf/Selbstverständnis/Bewusstsein
   - Verhaltensweisen
   - Verhältnis zum anderen Geschlecht
c) **Beschreibung des formalen Aufbaus**
d) **Analyse der sprachlichen Gestaltung**
e) **Deutung der Befunde** und **Überleitungssatz** zu 2)

Zu 2)

f) **in Beziehung setzen** des Verhaltens der von Kästner beschriebenen Frauenfiguren zu dem Verhalten der Hauptfigur in Irmgard Keuns Roman
g) **Bewertung der Darstellung** der Protagonistin im

Hinblick auf den Realitätsgehalt gegenüber dem Gedicht

h) **kritische Auseinandersetzung** mit den Ansichten des lyrischen Sprechers über die Frauen

i) **Eigene Position / Zusammenfassende Würdigung**

11. Literaturhinweise/Medienempfehlungen

Einzelausgabe

Keun, Irmgard: *Das kunstseidene Mädchen.* Roman. Berlin: Ullstein Verlag, ^{16}2018. – *Nach dieser Ausgabe wird zitiert.*

Werkausgabe

Keun, Irmgard: Das Werk. 3 Bände. Hrsg. von Heinrich Detering und Beate Kennedy. Mit einem Essay von Ursula Krechel. Göttingen: Wallstein Verlag, ^{3}2018. – *Äußerst preiswerte Gesamtausgabe mit sehr vielen brauchbaren Informationen und Kommentaren.*

Zur Biografie

Häntzschel, Hiltrud: Irmgard Keun. Reinbek bei Hamburg: Rowohlt, 2001. (Rowohlts Monographien. 452.) – *Für Schülerinnen und Schüler sehr gut geeignete Biografie mit informativen Texten und zahlreichen Bildern. Bewährte Reihe.*

Zum Gesamtwerk der Autorin

Arend, Stefanie / Martin, Ariane (Hrsg.): Irmgard Keun 1905/2005. Deutungen und Dokumente. Bielefeld: Aisthesis, ^{2}2008. – *In dem Sammelband finden sich gut lesbare Aufsätze zu Irmgard Keuns Gesamtwerk, das in drei Abschnitte unterteilt (I. Das Werk der Weimarer Republik, II. Das Exilwerk und III. Das Werk der Nachkriegszeit) und beleuchtet wird.*

Lickhardt, Maren: Irmgard Keuns Romane der Weimarer Republik als moderne Diskursromane. Heidelberg: Universitätsverlag Winter, 2009. – *Die Autorin beschäftigt sich ausführlich mit den ersten beiden Romanen der Autorin: »Gilgi, eine von uns« und »Das kunstseidene Mädchen«. Im zweiten Abschnitt geht es unter anderem um die Auseinandersetzung mit Neuer Sachlichkeit und Neuer Frau in ihrem ersten Roman, während sie im dritten Abschnitt die Themenschwerpunkte des zweiten Romans: »Glanz und Elend« in den Mittelpunkt rückt.*

Marchlewitz, Ingrid: Irmgard Keun. Leben und Werk. Würzburg: Königshausen und Neumann, 1999.

Zu *Das kunstseidene Mädchen*

Keun, Irmgard: Das kunstseidene Mädchen. Roman. Mit Materialien, ausgewählt von Jörg Ulrich Meyer-Bothling. Leipzig/Stuttgart/Düsseldorf: Klett, 2019. – *Schullektüre, die weitere Materialien bereithält: Zugänge, Werk und Autorin, Kontexte, Zur Diskussion und Theater und Film.*

Rosenstein, Doris: Irmgard Keun. Das Erzählwerk der dreißiger Jahre. Frankfurt a. M. [u. a.]: Peter Lang, 1991.

Weitere Medien

Film

Das kunstseidene Mädchen. Film, BRD/Frankreich 1960. Regie: Julian Duvivier. Drehbuch: René Barjavel, Julien Duvivier und Robert A. Stemmle. Besetzung: Giulietta Masina, Wolfgang Borchert, Gert Fröbe [u. a.].

Hörspiel

Das kunstseidene Mädchen. Radio-Hörspiel, DDR 1975. Regie: Wolfgang Brunecker. Bearbeitung: Anne Gabrisch. Besetzung: Angelika Waller, Ruth Glöss, Doris Abesser [u. a.]. – Auf YouTube nachzuhören: https://www.youtube.com/watch?v=KvUQ7U6OAHc

Theater

Theaterinszenierungen liefen in der Spielzeit 2019/20 an verschiedenen Theaterbühnen in Deutschland, zum Teil als Wiederaufnahmen. Das Theater Osnabrück und das Theater Trier setzten den Roman beispielsweise als Einpersonenstück (Doris) mit Klavierbegleitung in Szene. Das Schlossplatztheater Berlin hat eine Inszenierung nach der Bühnenfassung von Gottfried Greiffenhagen (hier mit einer Darstellerin) im Programm. Auch das Zimmertheater Rottweil hat das »Kunstseidene Mädchen« mit Livemusik inszeniert. Teilweise halten die Theater Materialien bereit und stellen es auf Anforderung zur Verfügung.

Sonstiges

Sommers Weltliteratur to go: *Das kunstseidene Mädchen* to go (Keun in 10,5 Minuten). www.youtube.com/watch?v=W_xGIPofxCU. – *Sehr zu empfehlende Zusammenfassung des Romans auf YouTube.*

12. Zentrale Begriffe und Definitionen

Angestellte: Bezeichnung für berufstätige Frauen, die überwiegend einer Bürotätigkeit nachgehen. Nach dem Ersten Weltkrieg übernahmen unzählige junge Frauen die Arbeitsplätze, die durch die im Krieg gefallenen oder schwer verwundeten Männer nicht mehr besetzt werden konnten. Hinzu kamen neue Aufgaben im Handel, in der Gastronomie sowie im Dienstleistungssektor.

➤ S. 73, 75, 87, 114, 120, 146

Asphaltliteratur: von Goebbels bei der ➤Bücherverbrennung gebrauchter Begriff, um unliebsame Literatur abzuwerten. Er gilt in besonderer Weise für die abgelehnte Großstadtliteratur. Die Nationalsozialisten forderten die Pflege der Heimatliteratur.

➤ S. 111

Bücherverbrennung: Am 10. Mai 1933 veranstalteten die Nationalsozialisten eine öffentlich inszenierte Bücherverbrennung, der vor allem die Werke von jüdischen Autorinnen und Autoren sowie von unliebsamen Regimekritikern zum Opfer fielen. Dabei gingen in vielen (Universitäts-)Städten ganze Bibliotheken mit unschätzbar wertvollen Buchbeständen in Flammen auf.

➤ S. 10, 111

Ellipse: Satzfigur: unvollständiger Satz, Auslassung notwendiger Satzglieder (Prädikate), verstärkt oft den Eindruck der Spontaneität oder den Vorrang der Mündlichkeit.

➤ S. 68, 110

Exil: Im Exil befindet sich ein Mensch, der seine Heimat freiwillig oder aufgrund politischer Verfolgung verlassen hat und sich in einem anderen Land sicherer fühlt. Viele geflohene Menschen belastet das Exil, weil sie die Sprache des Landes nicht sprechen, dem Kulturkreis, in dem sie sich aufhalten, nicht angehören oder Familienangehörige und Freunde vermissen. Die Exilanten bemühen sich daher in der Regel um eine schnelle Rückkehr in die Heimat. Manche kehren aus Heimweh trotz der Gefährdung zurück. Schriftstellerinnen und Schriftsteller verlieren im Exil oftmals den Kontakt zu ihrem angestammten Publikum, so dass sie das Land, das sie aufgenommen hat, wieder verlassen, wenn sich die Verhältnisse in der Heimat verändert haben.

➤ S. 10, 111 f., 116

Feh: wertvoller Pelz aus dem Fell sibirischer Eichhörnchen. Er gewährt der Trägerin nicht nur Wärme, sondern oft auch gesellschaftliche Anerkennung.

➤ S. 21, 63, 100, 102–104

Film: Um 1900 trat diese Kunstform ihren Siegeszug in großen Teilen der Bevölkerung an. In den Kinos wurden unzählige Bilder aneinandergereiht und auf eine Leinwand projiziert, so dass die Besucher die dargestellten Zusammenhänge nachvollziehen konnten. Die frühen Stummfilme wurden um 1930 durch Tonfilme abgelöst. Später wurden die Schwarz-Weiß-Bilder durch farbige Bilder ersetzt.

➤ S. 8 f., 13, 15, 20 f., 25 f., 31, 38, 55, 57 f., 61 f., 68, 73, 75, 79 f., 82–84, 87, 92, 100–102, 110, 114, 119

Gattungen/Genres: Unter den drei Großgattungen Epik, Lyrik und Dramatik werden jeweils weitere Gattungen unterschieden (Roman, Kurzgeschichte, Fabel, usw.). Im

Bereich des Romans kann weiter unterschieden werden zwischen Zeit- oder Gesellschaftsroman oder auch Abenteuer-, Schelmen- und Entwicklungsroman sowie vielen weiteren Romantypen.

➤ S. 7, 57–62, 117

Girl: gängiger Frauentypus in den zwanziger Jahren des 20. Jahrhunderts. Die ursprünglich aus Amerika stammende Bezeichnung diente als Oberbegriff für die beiden Frauentypen Garçonne und Flapper. Diese beiden Frauentypen unterschieden sich durch ihre Kleidungsgewohnheiten und ihre Verhaltensweisen. Gemeinsam ist den beiden Gruppen, dass sie ihre durch die Weimarer Verfassung gesetzlich zugesicherten Rechte einforderten und sehr selbstbewusst und freizügig auftraten. Sie fielen ferner dadurch auf, dass sie in der Öffentlichkeit rauchten und sich ohne männliche Begleitung in Lokalen aufhielten.

➤ S. 76, 145

Glanz (Glamour): Filme und Modezeitschriften verbreiteten um 1930 Bilder des Glamours (von engl. *glamour* ›Glanz‹). Filmstars, Mannequins sowie reiche und vornehme Gattinnen von industriellen Großunternehmern wurden zum Vorbild der arbeitenden Frauen. Diese hofften darauf, in den Metropolen ein ähnliches Leben führen zu können und Anerkennung wie die Stars zu finden, weshalb sie zum Beispiel in Berlin Zuflucht suchten.

➤ S. 7–9, 13, 20, 22–25, 27 f., 31, 33, 41, 47, 53, 63, 67, 80, 82, 91, 93, 100–103, 105

(Die) Goldenen Zwanziger (Jahre): Der Zeitraum von der Stabilisierung der Weimarer Republik (etwa nach 1924) bis zur Weltwirtschaftskrise (1929) wird häufig mit dieser Formulierung bezeichnet. Im Grunde galten sie nur für die wohlhabenderen Bevölkerungskreise, die ihre Lebensgier in der Großstadt stillen konnten. Der Großteil der Bevölkerung jedoch verharrte in Armut. Viele Frauen mussten einer Berufstätigkeit nachgehen, damit die Familie überleben konnte.

➤ S. 66, 77

Ich-Erzählung: Bei der Ich-Erzählung handelt es sich um eine Sonderform des Erzählverhaltens, wobei sie auch Merkmale von anderem Erzählverhalten aufweisen kann. Der Ich-Erzähler hat nur eine eingeschränkte Sicht auf die Dinge und kann nur über das berichten, was das Ich in dem Roman erfährt, wahrnimmt oder meint.

➤ S. 35, 54, 57, 59, 61 f., 64–66

Kamera-Auge: umschreibt die Fähigkeit des Menschen, sich Bilder wie durch eine Kamera-Linse betrachtet zu merken, d. h. möglichst viele Details wahrzunehmen und im Gedächtnis zu speichern.

➤ S. 25, 70, 83

(Kunst-)Seide: künstlich erzeugte Seide, die der echten Seide im Aussehen und in den Trageeigenschaften sehr ähnlich ist. Im Roman geht es darüber hinaus um den optischen Glanz dieser Kunstseide, sie wurde auch ›Glanzstoff‹ genannt.

➤ S. 21, 101, 103

Leitmotiv: Dabei handelt es sich um ein künstlerisches Mittel, das in einem Werk des Öfteren wiederholt wird und dadurch eine besondere Bedeutung für die Leserlenkung gewinnt.

➤ S. 100

Nationalsozialismus: Ideologie, die radikale Vorstellungen wie Antisemitismus, Fremdenfeindlichkeit und Intoleranz vertritt und Menschen aufgrund ihrer Herkunft oder Religionszugehörigkeit als minderwertig betrachtet. Hinzu kommen nationalistische, antikommunistische und diktatorische Tendenzen. Deutschland war von 1933 bis 1945 eine nationalsozialistische Diktatur.

➤ S. 10, 57, 66, 78, 111–113, 116, 119, 141

Neue Sachlichkeit: Bezeichnung für eine literaturgeschichtliche Epoche, die mit der Dauer der Weimarer Republik (1919–1933) eng verbunden ist. Ein wesentliches stilistisches Merkmale ist die sachliche, nüchterne, fast dokumentarische Darstellungsweise, die ein sozial-verantwortliches Bewusstsein schaffen will. Um Vorgänge möglichst objektiv und authentisch schildern und die Leser unmittelbar teilhaben lassen zu können, werden häufig die damals neuen Darstellungsformen des Films oder des Rundfunks eingesetzt.

➤ S. 7, 113, 145

Personales Erzählverhalten: Der Erzähler überlässt den Figuren die Vermittlung des Geschehens. Das personale Erzählen erweckt bei Leserinnen und Lesern den Eindruck, als direkte(r) Augenzeuge/Augenzeugin am Geschehen teilzunehmen.

➤ S. 64

Plagiat: unerlaubte Übernahme fremder geistiger Leistungen oder fremder Ideen. Dabei kann es sich um Formulierungen, längere Texte oder andere künstlerische Darstellungen handeln, die nicht als Zitate gekennzeichnet sind und deren Herkunft nicht belegt wird. Im Bereich der Produktpiraterie (Nachbau oder Nachahmung von geschützten Original-Waren) wird ebenfalls von Plagiaten gesprochen.

➤ S. 10, 118 f.

Reichsschrifttumskammer: Sie unterstand der Reichskulturkammer, mit der die Nationalsozialisten nach der ➤Bücherverbrennung 1933 ihre Kulturpolitik durchsetzten. Die Reichsschrifttumskammer kümmerte sich insbesondere um das Buchwesen. Schriftstellerinnen und Schriftsteller konnten nur dann publizieren, wenn sie Mitglied der Kammer waren. Damit verhinderten die Machthaber, dass unliebsame (jüdische oder kritische) Autorinnen und Autoren ihre Bücher verkaufen konnten.

➤ S. 111

Revue: Musiktheater, das ebenfalls seit etwa 1900 große Erfolge feierte. In den Goldenen Zwanzigern gab es unzählige weibliche Tanzgruppen, die in den Revuetheatern oder ähnlichen Vergnügungslokalen für die damalige Zeit oft leicht bekleidet auftraten.

➤ S. 57, 76, 145

Schlager: In den Revuen schlug die Geburtsstunde des Schlagers, heute spricht man von populären Hits. Jeder kannte diese Lieder und sie wurden oft mitgesungen. Durch die verstärkte Verbreitung der neuen Medien wie Grammophon, Radio oder Kino sowie des Tonfilms erreichte die Musik das breite Publikum. Seit der Weltwirtschaftskrise trug sie dazu bei, große Kreise der Bevölkerung von den gesellschaftlichen Missständen wie der Armut und der Arbeitslosigkeit abzulenken.

➤ S. 81, 96

Weimarer Republik: Sie löste 1919 als parlamentarische Demokratie das alte Kaiserreich ab. Nach anfänglichen Problemen (Ablehnung der Staatsform, mehrere Putschversuche und weitere Konflikte) gelang es den Verantwortlichen seit 1924 Vertrauen in der Bevölkerung zu gewinnen und Optimismus für einen wirtschaftlichen Aufschwung zu verbreiten. Die Phase endete 1929 mit der ➤Weltwirtschaftskrise. Aufgrund der zahlreichen ungelösten Probleme wandten sich die Menschen zusehends von der Republik ab und den Ideologien der radikalen Gruppen zu. Den Nationalsozialisten gelang es, immer mehr Einfluss auf die Politik zu gewinnen, bis der Reichspräsident Hindenburg schließlich am 30. Januar 1933 Adolf Hitler die Macht übertrug.

➤ S. 10, 12, 57, 59, 66, 76 f., 113, 115, 119 f.

Weltwirtschaftskrise: Mit dem New Yorker Börsenkrach im Oktober 1929 wurde eine weltweite Wirtschaftskrise ausgelöst. In Deutschland endete die Stabilität der Mehrparteien-Regierungen. In den folgenden Monaten kam es zu Inflation, Arbeitslosigkeit und Armut.

➤ S. 19, 77, 114

Wochenschau: Sie eroberte die Kinosäle ebenfalls zu Beginn des 20. Jahrhunderts. Das Medienformat wurde für das Kino wöchentlich neu hergestellt und vor dem Hauptfilm präsentiert. Es zeigte kurze Bildfolgen über verschiedene Begebenheiten, die das Interesse des Massenpublikums fanden. Die Wochenschauen verloren durch die flächendeckende Verbreitung des Fernsehens ihre Bedeutung als Informationsmedium.

➤ S. 25, 68